O selo DIALÓGICA da Editora InterSaberes faz referência às publicações que privilegiam uma linguagem na qual o autor dialoga com o leitor por meio de recursos textuais e visuais, o que torna o conteúdo muito mais dinâmico. São livros que criam um ambiente de interação com o leitor – seu universo cultural, social e de elaboração de conhecimentos –, possibilitando um real processo de interlocução para que a comunicação se efetive.

EDITORA
intersaberes

O pedagogo
e a organização
do trabalho pedagógico

Marcos Aurélio Silva Soares

2ª edição revista e atualizada

EDITORA intersaberes

Rua Clara Vendramin, 58 – Mossunguê
CEP 81200-170 – Curitiba – PR – Brasil
Fone: (41) 2106-4170
www.intersaberes.com
editora@editoraintersaberes.com.br

Conselho editorial Dr. Ivo José Both (presidente);
Dr.ª Elena Godoy; Dr. Nelson Luís Dias; Dr. Neri dos Santos;
Dr. Ulf Gregor Baranow
Editora-chefe Lindsay Azambuja
Supervisora editorial Ariadne Nunes Wenger
Analista editorial Ariel Martins
Capa Sílvio Gabriel Spannenberg
Projeto gráfico Bruno de Oliveira; Sílvio Gabriel Spannenberg
Ilustração da capa Znort! Ilustradores

Dados Internacionais de Catalogação na Publicação (CIP)
(Câmara Brasileira do Livro, SP, Brasil)

Soares, Marcos Aurélio Silva
    O pedagogo e a organização do trabalho pedagógico/Marcos Aurélio Silva Soares. 2. ed. rev. e atual. – Curitiba: InterSaberes, 2014. – (Série Formação do Professor).

    Bibliografia
    ISBN 978-85-8212-906-7

    1. Ensino por projetos 2. Pedagogia 3. Planejamento educacional 4. Prática de ensino 5. Sala de aula – Direção I. Título. II. Série.

13-07297   CDD-371.207

Índices para catálogo sistemático:
1. Trabalho pedagógico: Projeto político-pedagógico: Organização: Educação   371.207

1ª edição, 2013.
2ª edição rev., 2014.
Foi feito o depósito legal.
Informamos que é de inteira responsabilidade do autor a emissão de conceitos.
Nenhuma parte desta publicação poderá ser reproduzida por qualquer meio ou forma sem a prévia autorização da Editora InterSaberes.
A violação dos direitos autorais é crime estabelecido na Lei nº 9.610/1998 e punido pelo art. 184 do Código Penal.

SUMÁRIO

Apresentação " 7
Organização didático-pedagógica " 11
Introdução " 15

1 **Educação: pressupostos fundamentais** " 19
 1.1 A legislação educacional " 20
 1.2 A natureza e a especificidade do trabalho pedagógico " 24
 1.3 Elementos norteadores do atual contexto educacional " 28

2 **Gestão democrática: democracia e autonomia** " 59
 2.1 Gestão democrática ou compartilhada? " 61

3 **A ação do pedagogo no funcionamento dos mecanismos de gestão democrática** " 95
 3.1 A função do diretor na implementação da gestão democrática " 104
 3.2 Os mecanismos de gestão democrática " 111

**4   O pedagogo e as diferentes formas
       de organização do ensino " 161**
   4.1 Organização curricular por série " 166
   4.2 Organização curricular por ciclo " 179
   4.3 Outras formas de organização curricular " 188

Considerações finais " 207

Referências " 213

Bibliografia comentada " 223

Respostas " 229

Sobre o autor " 237

APRESENTAÇÃO

Temos por objetivo, neste livro, apresentar elementos que possibilitem a reflexão do pedagogo, do professor e dos trabalhadores* em educação a respeito da forma de organização do trabalho pedagógico desenvolvido nas escolas públicas e privadas. No entanto, como o ensino público domina em quantidade de oferta – cerca de 84% das matrículas da educação básica (Inep, 2013) –, os maiores debates se darão em torno dele.

Se conseguirmos atingir o objetivo inicial, que é o de propiciar debates e reflexões sobre a forma como o ensino vem sendo organizado pelos profissionais que trabalham na educação, principalmente a pública, e, ao mesmo tempo, provocar inquietações e rupturas de práticas inadequadas, teremos

*Neste livro, optamos pelo uso de termos utilizados tanto para o gênero feminino quanto para o masculino para nos referirmos aos pedagogos, professores, trabalhadores, funcionários, diretores e alunos – personagens envolvidos com a instituição escolar.

cumprido a nossa tarefa, pois isso seria colaborar com o processo de formação inicial e continuada dos profissionais que trabalham na educação, o que é sempre gratificante.

No primeiro capítulo, descrevemos alguns dos princípios fundamentais da legislação educacional, apesar de considerarmos que tais conceitos já façam parte do dia a dia dos profissionais que atuam na educação e daqueles que estão em processo de formação na área. Tais fundamentos são indispensáveis para que a organização do trabalho pedagógico obedeça aos parâmetros estabelecidos legalmente.

Com base nos princípios da legislação educacional, apresentamos alguns dos pressupostos de Saviani (2003) sobre a natureza e a especificidade da educação, aqui entendida como uma atividade humana cujo objetivo é atingir determinada finalidade, devendo, para tanto, ser planejada do início ao fim.

Finalizamos nosso primeiro capítulo com uma análise do atual panorama das educações básica e superior, apresentando os últimos índices estatísticos disponíveis sobre o desempenho do sistema educacional brasileiro, com base nos dados apresentados pelo Instituto Nacional de Estudos e Pesquisas Educacionais Anísio Teixeira (Inep).

No segundo capítulo, dedicamo-nos a explicitar o princípio da gestão democrática que deve balizar a ação de todos os profissionais que trabalham na escola, seja pública, seja privada. Nesse ponto do texto, também indicamos a necessidade de organização de ações de fortalecimento dos mecanismos de gestão escolar colegiada.

Em seguida, apontamos algumas das principais dificuldades encontradas pelos diretores/gestores, profissionais e trabalhadores no que diz respeito à tentativa (ou não) de efetivar os mecanismos de gestão colegiada, principalmente na escola pública, em virtude de as escolas privadas contarem nesse quesito com um diferencial significativo, que é a presença de dono ou administrador. Não queremos, ao indicar tal distinção, afirmar que tais escolas sejam autoritárias e não possibilitem a participação democrática na gestão de sua instituição de ensino; apenas entendemos que a característica anteriormente citada é limitadora.

No terceiro capítulo, buscamos refletir, com base nos pressupostos trabalhados anteriormente, sobre a gestão democrática, a ação do pedagogo e quais os procedimentos que deveriam ser adotados por esse profissional na busca da participação efetiva daqueles que trabalham nos diversos mecanismos de ação coletiva no interior da escola, como: associação de pais, grêmio estudantil, conselho escolar e reunião pedagógica e de pais.

O quarto capítulo aponta os desafios presentes e futuros propostos não só aos pedagogos, mas também aos demais profissionais da educação – principalmente da escola pública. Esse capítulo traz uma reflexão sobre as diferentes formas de organização do ensino na educação básica descritas pela Lei nº 9.394, de 20 de dezembro de 1996 (Brasil, 1996), as quais são apresentadas mais especificamente em seu art. 23, que aponta os principais tipos de organização curricular, como séries, ciclos, complexos temáticos, temas geradores e organização por projetos.

Enfatizamos que cabe ao pedagogo coordenar as ações que levarão os profissionais da educação, principalmente os professores, às definições coletivas sobre os rumos do projeto político-pedagógico (PPP) da escola. Com base nelas, é fundamental promover atividades educacionais de planejamento, execução e avaliação que visem à oferta de uma educação de qualidade à população.

ORGANIZAÇÃO DIDÁTICO-PEDAGÓGICA

Esta seção tem a finalidade de apresentar os recursos de aprendizagem utilizados no decorrer da obra, de modo a evidenciar os aspectos didático-pedagógicos que nortearam o planejamento do material e como o aluno/leitor pode tirar o melhor proveito dos conteúdos para seu aprendizado.

Pense a respeito
São reflexões que fazem um convite à leitura, acompanhadas de uma análise sobre o assunto.

Síntese
Você conta nesta seção com um recurso que lhe instiga a fazer uma reflexão sobre os conteúdos estudados, de modo a contribuir para que as conclusões a que você chegou sejam reafirmadas ou redefinidas.

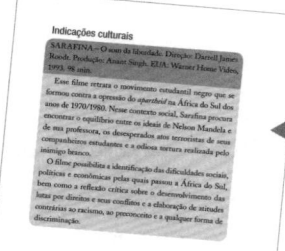

Indicações culturais
Ao final do capítulo, o autor lhe oferece algumas indicações de livros, filmes ou *sites* que podem ajudá-lo a refletir sobre os conteúdos estudados, além de permitir o aprofundamento em seu processo de aprendizagem.

Atividades de autoavaliação
Com estas questões objetivas, você tem a oportunidade de verificar o grau de assimilação dos conceitos examinados, motivando-se a progredir em seus estudos e a preparar-se para outras atividades avaliativas.

Atividades de aprendizagem
Aqui você dispõe de questões cujo objetivo é levá-lo a analisar criticamente um determinado assunto e a integrar conhecimentos teóricos e práticos.

Bibliografia comentada
Nesta seção, você encontra comentários acerca de algumas obras de referência para o estudo dos temas examinados.

INTRODUÇÃO

Com esta obra, objetivamos apresentar reflexões sobre a função do pedagogo na organização do trabalho pedagógico, principalmente no ensino fundamental, ofertado pela escola pública. No entanto, os princípios e conceitos trabalhados no texto podem ser aplicados à educação infantil e ao ensino médio – desde que respeitadas suas peculiaridades. Além disso, eles se estendem às escolas privadas, pois as mesmas prerrogativas legais se aplicam a tais instituições de ensino (art. 7º, da Lei nº 9.394, de 20 de dezembro de 1996 – Brasil, 1996).

Para observar essas questões, é preciso salientar que o elemento direcionador de todas as nossas reflexões é o projeto político-pedagógico (PPP). Com base nesse documento, refletiremos sobre a legislação educacional, a natureza e a especificidade do trabalho pedagógico, além do contexto educacional atual, da gestão democrática, dos mecanismos de ação coletiva da escola e das diferentes formas de organização curricular. Por meio dessas reflexões, pretendemos contribuir, principalmente, para o fortalecimento da organização do trabalho pedagógico na escola e de todos os trabalhadores da educação, principalmente na construção da identidade do pedagogo, que vem passando por reformulações devido à aprovação das novas diretrizes para o curso de Pedagogia, realizada pela Resolução CNE/CP nº 1, de 15 de maio de 2006 (Brasil, 2006b). Em virtude dessas novas demandas, é de fundamental importância a organização do trabalho pedagógico, que deve resgatar e enfatizar a importância desse profissional como coordenador de todas as ações definidas coletivamente e descritas no PPP.

O	E	B	G	O	L	A	S	O
E	U	R	O	N	D	P	K	O
I	A	N	T	T	O	P	A	Q
U	A	O	B	O	E	N	A	X
P	O	R	C	A	G	U	D	E
N	N	G	O	P	E	N	T	R
C	U	A	R	R	F	P	T	O
K	L	M	A	W	Q	I	N	B
P	A	R	C	E	I	T	B	G
P	R	O	F	E	S	S	O	R
M	K	F	O	F	D	S	G	C

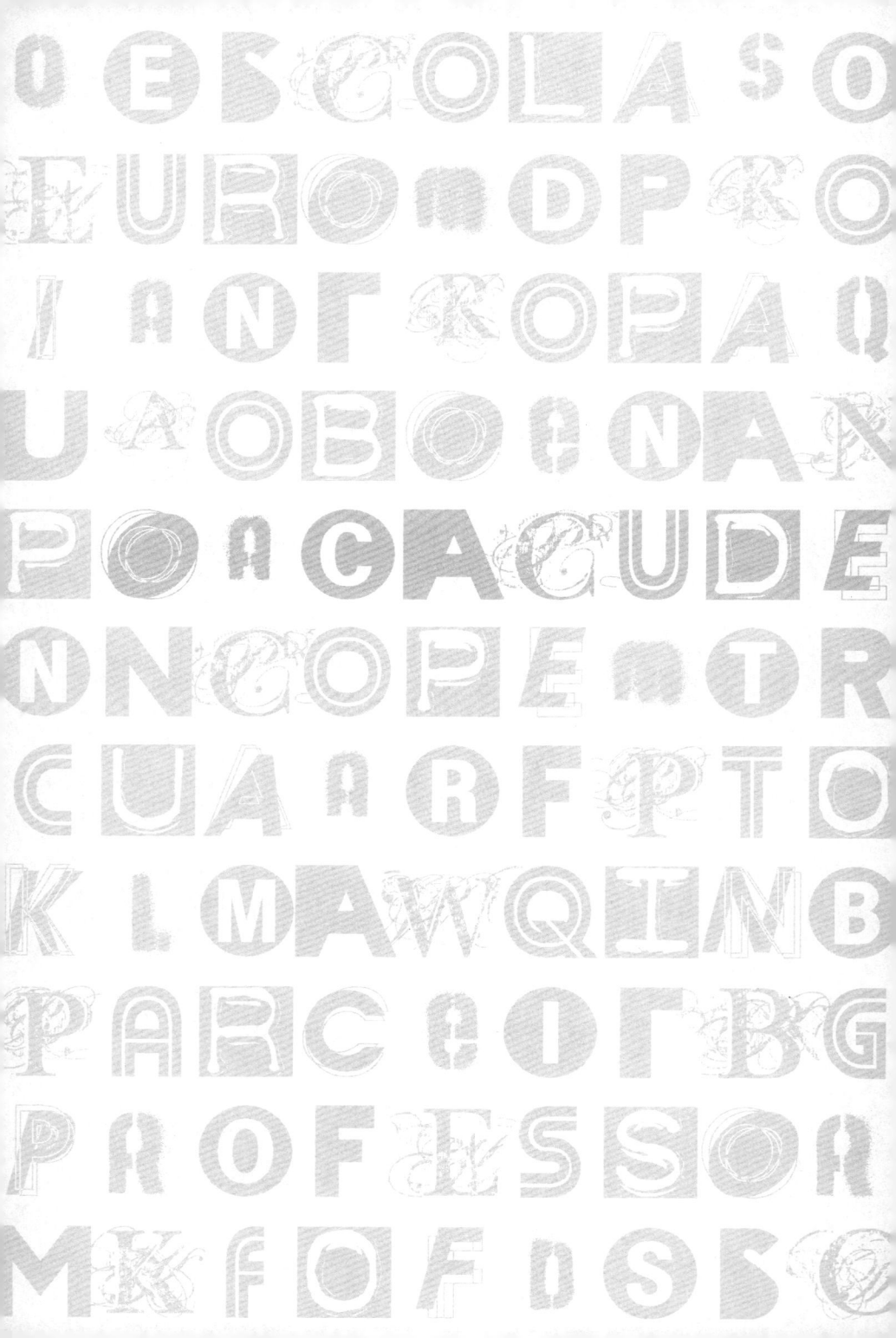

1
Educação: pressupostos fundamentais

Neste capítulo, trataremos sobre a legislação educacional e a importância da compreensão do papel do pedagogo na atualidade. Para tanto, consideraremos os contextos social, político e econômico brasileiros e os dados referentes ao desempenho educacional do país disponibilizados pelo Instituto Nacional de Estudos e Pesquisas Educacionais Anísio Teixeira (Inep).

Esses elementos norteadores possibilitam, além do reconhecimento da realidade educacional, a ênfase na presença e na atuação séria e comprometida do pedagogo, que, ao longo de determinado período histórico, já teve sua função caracterizada pelo controle. No entanto, nossa intenção é enfatizar que o exercício da função desse profissional deve caracterizá-lo, fundamentalmente, com base na organização de todo o trabalho pedagógico desenvolvido pela escola.

1.1 A legislação educacional

A Lei nº 9.394, de 20 de dezembro de 1996 (Brasil, 1996), denominada *Lei de Diretrizes e Bases da Educação Nacional* (LDBEN), elaborada em consonância com os princípios da Constituição Federal, trouxe profundas mudanças para o sistema educacional brasileiro ao consagrar como princípios a liberdade, a autonomia, a flexibilidade e a democracia, abrindo novas possibilidades à gestão escolar.

Desde a implantação da LDBEN, no fim de 1996, a escola brasileira passou por uma série de transformações. Sem dúvida, uma das mais significativas foi a conferência de maior autonomia* pedagógica e administrativa para as escolas. Conforme a referida lei, cabe às secretarias da educação estabelecer orientações educacionais, mas são os profissionais da educação e a comunidade que devem organizar e definir as práticas pedagógicas, de acordo com as suas realidades social, econômica e cultural.

Os arts. 12 e 15 da LDBEN (Brasil, 1996) dispõem que:

*Em que pese a afirmação de que a autonomia não pode ser concedida, mas, sim, conquistada.

> *Art. 12* – Os estabelecimentos de ensino, respeitadas as normas comuns e as do seu sistema de ensino, terão a incumbência de:
> *I* – elaborar e executar sua proposta pedagógica;
> [...]
> *Art. 15* – Os sistemas de ensino assegurarão às unidades escolares *públicas de educação básica que os integram progressivos graus de autonomia pedagógica e administrativa*

e de gestão financeira, observadas as normas gerais de direito financeiro público.

[...]

Contudo, parece haver pouca probabilidade de o Estado empregar esforços para a democratização do saber sem que tal iniciativa seja compelida pela sociedade civil. No âmbito da unidade escolar, essa constatação aponta para a necessidade de a comunidade participar efetivamente da elaboração da proposta pedagógica e, consequentemente, da gestão da escola, de modo que esta ganhe autonomia em relação aos interesses dominantes.

De acordo com o art. 14 da LDBEN/1996:

Art. 14 – Os sistemas de ensino definirão as normas da gestão democrática do ensino público na educação básica, de acordo com as suas peculiaridades e conforme os seguintes princípios:
I – participação dos profissionais da educação na elaboração do projeto pedagógico da escola;
II – participação das comunidades escolar e local em conselhos escolares ou equivalentes.
[...]

Conforme o referido texto, a gestão da escola pública não pode ser entendida fora do atual contexto socioeconômico e político, caracterizado pela expansão de uma política governamental neoliberal que atinge todas as esferas da sociedade brasileira. Essa sociedade, por sua vez, não pode ser entendida se desvinculada de seu caráter classista, desigual e injusto, permeado pelas contradições do capitalismo.

É no seio dessas contradições que pretendemos analisar o papel que vem sendo determinado a essa instituição, que hoje constitui-se em uma escola de massas, já que atende a todas as camadas da população. Em uma perspectiva gramsciana, entendemos a escola como uma instituição pertencente à sociedade civil (formada também pelos meios de comunicação de massa e outras instituições sociais, como igreja, associações e sindicatos), que, no seu conjunto, assume a função de elaborar e expandir ideologias (Gramsci, 1978).

Em outras palavras, a escola, no ponto de vista de Gramsci, é uma entre outras instituições da sociedade civil que podem atuar como dissimuladoras de ideologias. Isso significa que ela é um instrumento ideológico capaz de auxiliar na formação do consenso necessário para que a classe detentora do capital e dos meios de produção perpetue sua dominação sobre a classe trabalhadora. Portanto, podemos afirmar que a instituição de ensino reproduz no seu interior as relações desiguais e injustas da sociedade capitalista em que se insere.

No entanto, apesar do caráter reprodutor da escola, cabe aqui ressaltarmos que, ao mesmo tempo em que a instituição pública de ensino reproduz no seu interior as relações desiguais da sociedade capitalista, ela apresenta sua face contraditória. Isso ocorre porque, ao dirigir-se à classe trabalhadora, a escola pública encerra a possibilidade de instrumentalizar essa classe por meio da transmissão do conhecimento científico/elaborado que lhe tem sido historicamente desapropriado.

Essa possibilidade pode permitir aos trabalhadores que fortaleçam sua "consciência de classe". Assim, eles organizam-se coletivamente na busca da transformação das relações sociais estabelecidas (Paro, 1990).

Porém, é preciso salientar que a escola possui também um caráter produtor que lhe é próprio, ligado diretamente à forma como ela insere em seu meio a questão da cultura. É a partir desse momento que se ampliam os horizontes do conhecimento e da sua relação com a formação da consciência, o que possibilita também que sejam ampliadas e modificadas determinadas formas de pensamento.

É com base nessa concepção de sociedade e de escola que pretendemos analisar a condução do processo de organização do trabalho pedagógico, principalmente na escola pública, e as interferências causadas pela implementação das políticas neoliberais contemporâneas no processo de formação do pedagogo.

Ademais, objetivamos examinar a função do pedagogo em todos os espaços da escola, ou seja, na organização e na gestão do trabalho pedagógico, bem como nas atividades docentes das unidades educacionais. Para tanto, tomaremos como elemento central do processo o projeto político-pedagógico (PPP) da escola, uma vez que esse documento é o fio condutor de toda a organização do trabalho pedagógico. Com base nele, os profissionais que trabalham na escola conseguem analisar e avaliar todos os processos pedagógicos da organização escolar.

Para tratarmos das diretrizes norteadoras do trabalho a ser desenvolvido pela escola, retomaremos algumas ideias do professor Saviani (2003) sobre a natureza e a especificidade da educação, conceitos fundamentais que devem estar presentes nas mentes e corações de todos os profissionais que atuam no ambiente escolar, para que a organização do trabalho pedagógico coletivo e coerente seja possível.

1.2 A natureza e a especificidade do trabalho pedagógico

Para tratarmos da natureza e da especificidade da educação, resgataremos as ideias de Saviani (2003), pois elas dizem muito sobre a forma como os profissionais da educação devem compreender as características intrínsecas ao trabalho pedagógico. Isso deve pautar a compreensão desses profissionais, pois, de outra forma, o trabalho pedagógico dentro e fora da escola estará comprometido.

Segundo Saviani (2003, p. 11):

> *Com efeito, sabe-se que, diferentemente dos outros animais, que se adaptam à realidade natural tendo a sua existência garantida naturalmente, o homem necessita produzir continuamente sua própria existência. Para tanto, em lugar de se adaptar à natureza, ele tem que adaptar a natureza a si, isto é, transformá-la. E isto é feito pelo trabalho. Portanto, o que diferencia o homem dos outros animais é o trabalho. E o trabalho instaura-se a partir do momento em que seu agente antecipa mentalmente a finalidade da ação. Consequentemente, o trabalho não é qualquer tipo de atividade, mas uma ação adequada a finalidades. É, pois, uma ação intencional.*

Então, o homem transforma a natureza como forma de atender às suas necessidades de sobrevivência e o faz por meio do trabalho, entendido aqui como atividade intencional desenvolvida pelo ser humano, portanto, planejada do início ao fim.

> **pense a respeito!** Essa não seria a forma de entender/compreender o trabalho pedagógico desenvolvido pela escola?

A resposta está na maneira como entendemos que deve ser desenvolvido o trabalho pedagógico da escola. Se entendermos que, na escola, todas as ações dos profissionais devem ser pautadas pela clareza dos objetivos a que se propõem e encaminhadas de tal forma que seja possível atingir tal finalidade, diríamos então que ela desenvolve, sim, uma atividade intencional. Sendo assim, podemos afirmar que o princípio que deve nortear a organização de todo trabalho pedagógico desenvolvido pelas escolas é, de fato, o trabalho.

Segundo Saviani (2003, p. 13):

> *o trabalho educativo é o ato de produzir, direta e intencionalmente, em cada indivíduo singular, a humanidade que é produzida histórica e coletivamente pelo conjunto dos homens. Assim, o objeto da educação diz respeito, de um lado, à identificação dos elementos culturais que precisam ser assimilados pelos indivíduos da espécie humana para que eles se tornem humanos e, de outro lado e concomitantemente, à descoberta das formas mais adequadas para atingir esse objetivo.*

No entanto, para que a escola cumpra a sua função, não basta que realize suas atribuições tendo como pressuposto o princípio do trabalho; cabe à instituição escolar o seu aprimoramento, pois lhe é destinado o desenvolvimento do trabalho educativo. Isso significa que a escola, por meio de atividades intencionais, deve permitir ao ser humano o acesso à cultura acumulada historicamente, a fim de possibilitar o meio de produção de sua própria cultura.

Para tanto, compete à escola, no momento de elaboração de seu PPP, a escolha dos elementos culturais que serão priorizados em cada uma das etapas do trabalho desenvolvido no ambiente escolar e, consequentemente, da melhor forma de fazê-lo.

Conforme Saviani (2003, p. 13-14):

> *Quanto ao primeiro aspecto (a identificação dos elementos culturais que precisam ser assimilados), trata-se de distinguir entre o essencial e o acidental, o principal e o secundário, o fundamental e o acessório. Aqui me parece de grande importância, em pedagogia, a noção de "clássico". O clássico não se confunde com o tradicional e também não se opõe, necessariamente, ao moderno e muito menos ao atual. O clássico é aquilo que se firmou como fundamental, como essencial. Pode, pois, constituir-se num critério útil para a seleção dos conteúdos do trabalho pedagógico.*
>
> *Quanto ao segundo aspecto (a descoberta das formas adequadas de desenvolvimento do trabalho pedagógico), trata-se da organização dos meios (conteúdos, espaço, tempo e*

procedimentos) através dos quais, progressivamente, cada indivíduo singular realize, na forma de segunda natureza, a humanidade produzida historicamente.

Ao realizar a elaboração do seu PPP, a escola deve ver com clareza o projeto de sociedade que pretende construir. Para isso, é fundamental que as pessoas e os profissionais que ali trabalham se disponham a refletir sobre todas as ações executadas e a entender que os passos trilhados possuem um objetivo explícito a ser alcançado.

Definir o conteúdo a ser trabalhado requer desses profissionais uma atenção redobrada, pois o conjunto de conhecimentos escolhido exige dos alunos um repertório de habilidades a serem desenvolvidas. Elas irão formar um cidadão que se adapte à realidade existente ou, quem sabe, com base na compreensão dessa realidade, traçar conscientemente um caminho diferenciado que possibilite a transformação social, mesmo que em pequenas doses.

Ao realizar suas escolhas coletivamente, é preciso que a escola organize metodologias que possibilitem a apreensão do conteúdo ensinado, característica fundamental da instituição de ensino. Como é de nosso conhecimento, os alunos não aprendem todos da mesma forma, e muito menos todos ao mesmo tempo. Isso demanda dos profissionais da educação uma constante readequação das formas de trabalhar o mesmo conteúdo com vistas a atingir o seu objetivo principal: conseguir que o aluno aprenda aquilo que está sendo ensinado.

Desse modo, é fundamental que enfatizemos o compromisso da escola com a construção e a disseminação dos conhecimentos acumulados pela humanidade em cada momento histórico, papel principal destinado às instituições de ensino formais. Esses conhecimentos podem e devem ser complementados por outras instituições que se dedicam a trabalhar com a cultura acumulada pela sociedade em espaços não formais.

É importante destacar aqui que os princípios definidos pela coletividade da escola devem demarcar aquilo que de fato seja o conjunto de crenças do grupo, pois suas ações diárias perante seus pares e alunos estarão comprovando-os. Não é possível ensinar algo em que você mesmo não acredite; suas palavras não irão condizer com suas ações, e aqueles que estão ao seu redor saberão perfeitamente disso.

É importante frisarmos que nossas ações, evidentemente, não valem somente no espaço da escola, pois se você comunga de uma determinada concepção de vida, esta deve estar presente em todos os momentos, e não somente em alguns.

1.3 Elementos norteadores do atual contexto educacional

Destacaremos, neste ponto do texto, alguns aspectos fundamentais da legislação educacional brasileira que devem viabilizar aos profissionais do ensino o atendimento às condições necessárias para que estes possam alcançar seus objetivos, principalmente conforme destacado nos itens anteriores.

Conforme o art. 1º da Lei nº 9.394/1996:

Art. 1º – A educação abrange os processos formativos que se desenvolvem na vida familiar, na convivência humana, no trabalho, nas instituições de ensino e pesquisa, nos

> *movimentos sociais e organizações da sociedade civil e nas manifestações culturais.*
>
> *§ 1º Esta Lei disciplina a educação escolar, que se desenvolve, predominantemente, por meio do ensino, em instituições próprias.*
>
> *§ 2º A educação escolar deverá vincular-se ao mundo do trabalho e à prática social.*
>
> *[...]*

A educação, de acordo com o ponto de vista da legislação, deve ser reconhecida, em primeira instância, como processo de formação humana que se realiza em todos os momentos da vida do indivíduo, aspecto que deve ser destacado e compreendido pelos profissionais da educação.

O apoio dos demais espaços não formais de aprendizado organizados para a vida em sociedade contribui, e muito, para o fortalecimento do papel central das instituições formais de ensino. No entanto, cabe também a elas o fortalecimento das condições necessárias à vida em sociedade, ou seja, cabe à escola o compromisso de que o conhecimento ensinado à população permita a integração desta ao mundo do trabalho. Mais do que isso, permita que as pessoas reflitam sobre a realidade social em que vivem e tomem decisões que dirijam o rumo de suas próprias vidas.

> É importante destacar aqui que os princípios definidos pela coletividade da escola devem demarcar aquilo que de fato seja o conjunto de crenças do grupo, pois suas ações diárias perante seus pares e alunos estarão comprovando-os. Não é possível ensinar algo em que você mesmo não acredite; suas palavras não irão condizer com suas ações, e aqueles que estão ao seu redor saberão perfeitamente disso.

Conforme a Constituição Brasileira de 1988 (Brasil, 1988):

> Art. 205 – A educação, **direito de todos e dever do Estado e da família**, será promovida e incentivada com a colaboração da sociedade, visando ao pleno desenvolvimento da pessoa, seu preparo para o exercício da cidadania e sua qualificação para o trabalho. [grifo nosso]

Essas palavras são quase que integralmente reproduzidas pelo art. 2º da Lei nº 9.394/1996, mas como uma diferença fundamental, como veremos a seguir:

> Art. 2º – A educação, dever **da família e do Estado**, inspirada nos princípios de liberdade e nos ideais de solidariedade humana, tem por finalidade o pleno desenvolvimento do educando, seu preparo para o exercício da cidadania e sua qualificação para o trabalho. [grifo nosso]

Nesse quesito da legislação educacional, realizaremos uma comparação entre o que está escrito na Constituição Brasileira e na LDBEN/1996.

O detalhe que nos impele a realizar tal análise está na inversão do princípio constitucional realizado pelo art. 2º da LDBEN/1996 – a Constituição afirma que a educação é direito de todos e dever do Estado e da família, ou seja, resguarda o direito de todos à educação e a impõe como dever do Estado em primeiro momento e da família em um segundo momento. No entanto, a redação da legislação educacional na LDBEN/1996 inverte a situação.

Observe a escrita do referido texto legal: "a educação, dever da família e do Estado [...]". Em outras palavras, os papéis se invertem, pois a educação passa a ser em primeiro momento dever da família e, em segundo, do Estado. Além disso, o princípio constitucional de que a educação é direito de todos desaparece da redação da Lei nº 9.394/1996.

Tal situação poderia passar despercebida. Porém, com uma análise mais detalhada, podemos chegar à conclusão de que o Estado, por não conseguir cumprir o preceito constitucional sequer no nível de ensino que considera obrigatório – o fundamental –, passou a responsabilidade imediata da educação à família, à qual caberia o direito de requisitar o referido benefício.

Considerando que o Estado caminha nessa direção, é necessário alertar a população dos riscos que tal encaminhamento traz à efetivação dos direitos constitucionais do indivíduo, em especial o da educação como direito subjetivo de todo cidadão brasileiro.

É necessário destacar que grande parcela da população não teve acesso aos níveis mais elementares da educação, fato que dificulta a compreensão desses indivíduos de que a educação é fundamental ao pleno exercício da cidadania. Tal situação pode resultar em grande prejuízo às crianças e aos jovens brasileiros, se, eventualmente, em decorrência desse entendimento, esses indivíduos não forem matriculados na escola, ou, mesmo que o sejam, não tenham seu processo de aprendizagem devidamente acompanhado.

Ao longo dos últimos anos, a Constituição e a Lei nº 9.394/1996 sofreram várias modificações referentes aos preceitos legais que gerem a educação em nosso país. Essas alterações influenciam direta ou indiretamente o trabalho pedagógico realizado pela escola. No entanto, daremos destaque aos pontos que indicam a ampliação da obrigatoriedade do ensino à população brasileira.

Em decorrência de modificação no texto constitucional – especificamente no art. 208 (Brasil, 1988), realizado pela Emenda Constitucional nº 59, de 11 de novembro de 2009 (Brasil, 2009), a educação básica dos 4 aos 17 anos passa a ser obrigatória para a população brasileira.

■ ■ ■ ■ ■ ■ ■ ■ ■ ■

Art. 208 – O dever do Estado com a educação será efetivado mediante a garantia de:

I – educação básica obrigatória e gratuita dos 4 (quatro) aos 17 (dezessete) anos de idade, assegurada inclusive sua oferta gratuita para todos os que a ela não tiveram acesso na idade própria; (Redação dada pela Emenda Constitucional nº 59, de 2009) (Vide Emenda Constitucional nº 59, de 2009)

II – progressiva universalização do ensino médio gratuito; (Redação dada pela Emenda Constitucional nº 14, de 1996)

III – atendimento educacional especializado aos portadores de deficiência, preferencialmente na rede regular de ensino;

IV – educação infantil, em creche e pré-escola, às crianças até 5 (cinco) anos de idade; (Redação dada pela Emenda Constitucional nº 53, de 2006)
V – acesso aos níveis mais elevados do ensino, da pesquisa e da criação artística, segundo a capacidade de cada um;
VI – oferta de ensino noturno regular, adequado às condições do educando;
VII – atendimento ao educando, em todas as etapas da educação básica, por meio de programas suplementares de material didático escolar, transporte, alimentação e assistência à saúde. (Redação dada pela Emenda Constitucional nº 59, de 2009)
§ 1º – O acesso ao ensino obrigatório e gratuito é direito público subjetivo.
§ 2º – O não oferecimento do ensino obrigatório pelo Poder Público, ou sua oferta irregular, importa responsabilidade da autoridade competente.
§ 3º – Compete ao Poder Público recensear os educandos no ensino fundamental, fazer-lhes a chamada e zelar, junto aos pais ou responsáveis, pela frequência à escola.
[...]

Algumas modificações na LDBEN/1996 já apontavam para a ampliação no atendimento educacional brasileiro. A mais efetiva foi a Lei nº 11.274, de 6 de fevereiro de 2006 (Brasil, 2006a), que ampliou a oferta do ensino fundamental para nove anos.

Art. 32. O ensino fundamental obrigatório, com duração de 9 (nove) anos, gratuito na escola pública, iniciando-se aos 6 (seis) anos de idade, terá por objetivo a formação básica do cidadão [...] (Redação dada pela Lei nº 11.274, de 2006)
[...]

Contudo, somente com a aprovação da Lei nº 12.796, de 4 de abril de 2013 (Brasil, 2013), que ocorreram as modificações previstas pela Emenda Constitucional nº 59/2009.

Art. 4º O dever do Estado com educação escolar pública será efetivado mediante a garantia de:
I – educação básica obrigatória e gratuita dos 4 (quatro) aos 17 (dezessete) anos de idade, organizada da seguinte forma: (Redação dada pela Lei nº 12.796, de 2013)
a) pré-escola; (Incluído pela Lei nº 12.796, de 2013)
b) ensino fundamental; (Incluído pela Lei nº 12.796, de 2013)
c) ensino médio; (Incluído pela Lei nº 12.796, de 2013)
II – educação infantil gratuita às crianças de até 5 (cinco) anos de idade; (Redação dada pela Lei nº 12.796, de 2013)
III – atendimento educacional especializado gratuito aos educandos com deficiência, transtornos globais do desenvolvimento e altas habilidades ou superdotação, transversal a todos os níveis, etapas e modalidades, preferencialmente na

rede regular de ensino; (Redação dada pela Lei nº 12.796, de 2013)

IV – acesso público e gratuito aos ensinos fundamental e médio para todos os que não os concluíram na idade própria; (Redação dada pela Lei nº 12.796, de 2013)

V - acesso aos níveis mais elevados do ensino, da pesquisa e da criação artística, segundo a capacidade de cada um;

VI – oferta de ensino noturno regular, adequado às condições do educando;

VII – oferta de educação escolar regular para jovens e adultos, com características e modalidades adequadas às suas necessidades e disponibilidades, garantindo-se aos que forem trabalhadores as condições de acesso e permanência na escola;

VIII – atendimento ao educando, em todas as etapas da educação básica, por meio de programas suplementares de material didático-escolar, transporte, alimentação e assistência à saúde; (Redação dada pela Lei nº 12.796, de 2013)

IX – padrões mínimos de qualidade de ensino, definidos como a variedade e quantidade mínimas, por aluno, de insumos indispensáveis ao desenvolvimento do processo de ensino-aprendizagem.

X – vaga na escola pública de educação infantil ou de ensino fundamental mais próxima de sua residência a toda criança a partir do dia em que completar 4 (quatro) anos de idade.(Incluído pela Lei nº 11.700, de 2008).

Resumidamente, o ensino fundamental passou a ser de nove anos, graças à Lei nº 11.274/2006 (Brasil, 2006a), revista em 11 de novembro de 2009 pela Emenda Constitucional nº 59 (Brasil, 2009), que determinou a ampliação da educação básica obrigatória e gratuita dos 4 aos 17 anos de idade, assegurando inclusive sua oferta gratuita para todos os que a ela não tiveram acesso na idade própria. Isso equivale a dizer que parte da educação infantil, ensino fundamental e ensino médio hoje são obrigatórios aos brasileiros, um avanço muito grande em direção à formação humana dos nossos cidadãos.

Tais modificações legais são muito recentes para que possamos realizar uma análise qualitativa de seus resultados. No entanto, analisaremos o contexto que as antecede, com respaldo em dados estatísticos fornecidos pelo Inep, para demonstrar o quanto nosso sistema educacional ainda é bastante frágil.

Ao realizar tal análise, consideraremos uma característica do sistema educacional brasileiro que vem se consolidando cada vez mais: a descentralização do ensino, principalmente para os alunos do ensino fundamental, etapa que cada vez mais passa a ser responsabilidade do município, como podemos observar nos dados referentes aos anos de 2000, 2003, 2007, 2009 e 2012 na Tabela 1.1.

Tabela 1.1 – Matrículas na educação infantil e no ensino fundamental por dependência administrativa

Nível de ensino/Ano	Brasil (total)	Federal	Estadual	Municipal	Privada
Educação infantil – 1999	5.067.256 (creche e pré-escola)	1.733	396.395	3.332.123	1.347.005
Educação infantil – 1999	4.106.907 (pré-escola – 4 a 6 anos)	1.225	379.802	2.799.420	1.054.831
Ensino fund. – 2000	35.717.948 (1ª a 8ª série)	7.810	15.806.726	16.694.171	3.189.241
Ensino fund. – 2003	34.438.749	25.997	13.272.739	17.863.888	3.276.125
Ensino fund. – 2007	32.122.273	24.276	11.332.963	17.571.366	3.193.668
Ensino fund. – 2009	31.705.528	25.005	10.572.496	17.329.638	3.778.389
Ensino fund. – 2012	29.702.498	24.704	9.083.704	16.323.158	4.270.932

Fonte: Inep, 2013a.

Para demonstrar objetivamente o que estamos dizendo, analisaremos, neste ponto do texto, as matrículas totais por dependência administrativa entre os anos de 2000 e 2012 da educação básica. A educação infantil e o ensino fundamental estão apresentados nas tabelas 1.1 e 1.2 e o ensino médio e a educação superior nas tabelas 1.3, 1.4 e 1.5, com base nos dados fornecidos pelo Inep (2013a). Sempre é bom lembrar que, caso fossem retomados dados anteriores a essa data, a situação seria ainda mais precária do que a demonstrada a seguir.

As matrículas na educação infantil são meramente ilustrativas e devem ser tomadas apenas como dado de comparação em relação ao número de matrículas do ensino fundamental, pois, apesar de ser um dever do município ofertar vagas nesse nível de ensino, ele não é considerado obrigatório. Portanto, cabe à população solicitar que a referida demanda seja plenamente atendida.

No entanto, se entendermos que o número de matrículas representa o grau de importância que o Estado dá a um determinado nível de ensino, podemos entender que a educação infantil (creche e pré-escola) está longe de ser considerada relevante, visto que, de acordo com os números apresentados, estavam matriculadas nesse nível de ensino, em 1999, 5.067.256 crianças.

Desse total, apenas 4.106.907 estavam na pré-escola (com idade entre 4 e 6 anos), enquanto o número de matrículas na 1ª série do ensino fundamental do ano de 2000 foi de 6.074.649 crianças (Inep, 2013a). Portanto, no ano seguinte a disparidade nos números é alarmante.

==Então, onde estavam as outras 1.967.742 crianças em 1999?== Com certeza, fora das estatísticas de qualquer ente federado para o atendimento educacional, inclusive o município, ente federativo que tem a responsabilidade de ofertar vagas na educação infantil.

Porém, a realidade é muito diferente no nível de ensino considerado obrigatório – o ensino fundamental –, que, aliás, já deveria ter sido universalizado. Apesar do esforço dos entes federativos (estados e municípios) – que têm a responsabilidade de ofertar esse nível de ensino – em tentar atender às crianças e adolescentes que se encontram na faixa etária dos 7 aos 14 anos, tal meta ainda não foi alcançada.

Em 2000, de acordo com dados do Inep (2013a, 2013b), o índice de atendimento das matrículas era de 96,4%, mas desde então vem oscilando muito, ora com pequeno aumento, ora com diminuição.

Se a realidade no ensino fundamental é bem melhor no fator *quantidade*, visto que o número total de matrículas foi de 35.717.948 no ano 2000, os problemas ainda persistem, pois a meta da universalização ainda não foi atingida. Como podemos verificar, o número de matrículas vem caindo sensivelmente; em 2003, temos um total de 34.438.749, em 2007, um total de 32.122.273 e em 2012, 29.702.498 matrículas.

Se considerarmos que uma parte considerável da população não pôde frequentar o ensino fundamental em idade própria, chegamos à conclusão de que a universalização desse nível de ensino está muito longe de ser alcançada.

De acordo com a Constituição de 1988, em seu art. 211, "A União, os Estados, o Distrito Federal e os Municípios organizarão em regime de colaboração seus sistemas de ensino [...]" (Brasil, 1988). Segundo Soares (2005), é importante ressaltar que em sua

> Como pudemos constatar pelos dados estatísticos apresentados anteriormente, fica caracterizado que o ensino fundamental não está organizado para atender qualitativamente a todos aqueles que nele adentram, pois mais da metade dos alunos não consegue cumprir sequer o esperado, ou seja, a passagem de uma etapa após outra até a conclusão desse nível de ensino, obrigatório para todas as crianças e os adolescentes na faixa etária dos 7 a 14 anos (agora de 6 a 14 anos).

grande maioria, estados e municípios buscam atender a suas demandas em relação ao ensino em regime de cooperação. No caso do ensino fundamental, os municípios acabam por atender às séries iniciais e os estados, às séries finais, ou seja, é possível verificar aí o processo de descentralização do ensino ocorrendo na prática. Os dados apresentados na Tabela 1.1 demonstram efetivamente a divisão das matrículas entre município e estado. Contudo, é importante destacarmos que muitos desses acordos não são formalizados, fato que implica alguma dificuldade, por exemplo, quando ocorrem eleições nesses entes federativos e os representantes eleitos não reconhecem acordos verbais da gestão anterior. Por isso, faz-se necessário o aprimoramento de tais acordos pela formalização de regimes de colaboração entre todos os entes da federação.

> Nesta tabela, a nomenclatura *série* corresponde à utilizada nos anos analisados.

Tabela 1.2 – Matrículas totais no ensino fundamental*

Nível de ensino/Ano	2000	2004	2007
Ensino fundamental	6.074.649 (iniciam a 1ª série)	4.533.470 (iniciam a 5ª série)	3.013.901 (iniciam a 8ª série)

Fonte: Inep, 2013a.

Se a realidade no ensino fundamental é bem melhor no fator *quantidade*, o número total de matrículas atinge, em média, 96%, de acordo com dados do Inep (2013a). Podemos perceber pelos dados que os problemas ainda persistem, pois o número de alunos que iniciaram a 1ª série em 2000 foi de 6.074.649, mas apenas 4.533.470 adentraram a 5ª série em 2004 e, o que é pior, apenas 3.013.901 alunos iniciaram a 8ª série em 2007.

O sistema perde alunos ao longo do caminho por inúmeros motivos, mais da metade do total que iniciou essa etapa de ensino. Isso, convenhamos, não pode, de forma alguma, nessas condições, ser chamado de *fundamental*. Como pudemos constatar pelos dados estatísticos apresentados anteriormente, fica caracterizado que o ensino fundamental não está organizado para atender qualitativamente a todos aqueles que nele adentram, pois mais da metade dos alunos não consegue cumprir sequer o esperado, ou seja, a passagem de uma etapa após outra até a conclusão desse nível de ensino obrigatório para todas as crianças e os adolescentes na faixa etária dos 7 a 14 anos (agora de 6 a 14 anos).

Tabela 1.3 – Matrículas no ensino médio por dependência administrativa

Ensino médio	Brasil (total)	Federal	Estadual	Municipal	Privada
2005	9.031.302	68.651	7.682.995	182.067	1.097.589
2006	8.906.820	67.650	7.584.391	186.045	1.068.734
2007	8.369.369	68.999	7.239.523	163.779	897.068
2009	8.337.160	90.353	7.163.020	110.780	973.007
2012	8.376.852	126.723	7.111.741	72.225	1.066.163

Fonte: Inep, 2013a.

Apenas relembrando, cabe ao Estado, de acordo com a LDBEN/1996, em seu art. 4º, a progressiva extensão da obrigatoriedade e gratuidade do acesso ao ensino médio. Como é possível observar pelos dados anteriores, quem atende realmente ao maior número de matrículas no ensino médio é a rede estadual. No entanto, ocorreu, de 2010 a 2012, uma redução no número de matrículas, o que vai contra o princípio da legislação.

É preciso aguardar o início da vigência da lei e o prazo definido para a adequação dos municípios e estados para verificar se, após a regulamentação da Emenda Constitucional nº 59/2009, realizada pela Lei nº 12.796/2013, de fato ocorrerá a ampliação da rede física de escolas que atendem ao ensino médio e, em decorrência disso, o aumento do número de matrículas.

É preciso aguardar o início da vigência da lei e o prazo definido para a adequação dos municípios e estados para verificar se, após a regulamentação da Emenda Constitucional nº 59/2009, realizada pela Lei nº 12.796/2013, de fato ocorrerá a ampliação da rede física de escolas que atendem ao ensino médio e, em decorrência disso, o aumento do número de matrículas.

Tabela 1.4 – Matrículas totais no ensino médio

Nível de ensino/ Ano	2010	2011	2012
Ensino médio	3.471.986 (iniciam a 1ª série)	2.634.575 (iniciam a 2ª série)	2.225.621 (iniciam a 3ª série)

Fonte: Inep, 2013a.

No entanto, para além da obrigatoriedade do ensino médio, também é preciso estarmos atentos às reais condições desse nível de ensino, principalmente no fator *qualidade*, pois é possível perceber, na Tabela 1.4, quase a mesma realidade verificada no ensino fundamental.

Novamente constatamos a fragilidade do sistema, pois ele não está preparado para atender sequer ao fator *quantidade*, quanto mais ao fator *qualidade*, visto que dos 3.471.986 alunos que iniciaram o ensino médio em 2010, apenas 2.225.621 iniciaram o último ano em 2012. Ou seja, cerca de 36% dos alunos que iniciaram o ensino médio em 2010 não conseguiram iniciar a 3ª série – isso sem considerar os estudantes que serão reprovados nessa etapa, o que diminui ainda mais o índice daqueles que iniciam e concluem sua escolarização no tempo previsto inicialmente (Inep, 2013a).

De acordo com o art. 211 da Constituição (Brasil, 1988):

> *Art. 211. A União, os Estados, o Distrito Federal e os Municípios organizarão em regime de colaboração seus sistemas de ensino.*
>
> *§ 1º – A União organizará o sistema federal de ensino e o dos Territórios, financiará as instituições de ensino públicas federais e exercerá, em matéria educacional, função redistributiva e supletiva, de forma a garantir equalização de oportunidades educacionais e padrão mínimo de qualidade do ensino mediante assistência técnica e financeira aos Estados, ao Distrito Federal e aos Municípios;*
>
> *[...]*

Para analisarmos o quanto a União tem conseguido atender uma de suas responsabilidades constitucionais – a educação superior –, utilizamos os dados estatísticos que serviram de base para a elaboração do Plano Nacional de Educação (em 1998) e, em seguida, comparamo-os à evolução do documento nos anos de 2003, 2007, 2010 e 2011.

Tabela 1.5 – Matrículas na educação superior por dependência administrativa (ingressantes)

Educação superior	Brasil (total)	Federal	Estadual	Municipal	Privada
1998	651.353	89.160	67.888	39.317	454.988
2003	1.163.892	105.643	106.422	36.987	914.840
2007	1.808.970	172.334	120.095	43.794	1.472.747
2010	1.801.901	269.216	134.932	31.562	1.366.191
2011	1.915.098	282.007	138.990	35.638	1.458.463

Fonte: Inep, 2013b.

Quando nos deparamos com esse único nível de ensino que de fato é responsabilidade da União, podemos verificar que, desde a implantação do Plano Nacional de Educação, em 2001, vem ocorrendo um esforço sistemático para a ampliação do número de matrículas na educação superior. No entanto, apesar desse esforço, a União está longe de cumprir com sua responsabilidade, pois consegue atender apenas a cerca de 15% do total de matrículas, de acordo com os dados apresentados.

O que podemos observar com facilidade, por meio das estatísticas, é que as instituições privadas (particulares, comunitárias, confessionais e filantrópicas) são as que de fato têm atendido ao maior número de matrículas desse nível de ensino.

É evidente que não podemos esquecer que boa parte da expansão dessas matrículas nas instituições privadas se deve também a um esforço do governo. Este, ao aprovar a Lei nº 11.096, de 13 de janeiro de 2005 (Brasil, 2005), que instituiu o Programa Universidade para Todos (Prouni), contribuiu, e muito, para essa ampliação.

O programa tem a característica de repassar verbas públicas ao ensino privado por meio de bolsas de estudo, o que, sem dúvida, fortalece as instituições privadas comerciais de ensino. O governo abdica da cobrança de um conjunto de impostos das instituições de ensino superior (IES) privadas, permitindo até a possibilidade de troca de cerca de 10% das vagas, ou 8,5% da receita bruta, por bolsas para alunos egressos de escolas públicas, entre outras possibilidades (Brasil, 2005).

> **pense a respeito!** Mas como é possível entender que o esforço realizado é suficiente se, pelas estatísticas educacionais, constatamos que as instituições privadas de ensino vêm ofertando muito mais vagas que todos os entes da federação juntos?

De fato, tal realidade é inaceitável para qualquer governo que tenha como meta melhorar as condições de vida da sua população. Tal esforço em resgatar a responsabilidade constitucional e os números relativos ao atendimento tem o objetivo explícito de demonstrar que a União, os estados e os municípios estão longe de cumprir os preceitos legais.

A tentativa de ofertar à população o acesso à escola veio se concentrando, ao longo desse período (pós-LDBEN), em boa parte do tempo no nível considerado obrigatório, deixando de lado um efetivo investimento nos demais níveis de ensino, que também são responsabilidade do governo (Inep, 2013a, 2013b).

> Caso a compreensão de tais princípios esteja de fato fortalecida por todos aqueles que participam do dia a dia da escola, com certeza a educação ofertada caminha na direção de possibilitar ao aluno a construção de sua cidadania, o que é tudo que se espera da instituição de ensino chamada *escola*.

O objetivo a ser alcançado por todos os entes da federação e de seus governantes deveria ser a ampliação do atendimento educacional sempre tendo como meta maior a universalização do ensino em todos os níveis, o que possibilitaria à população o acesso às condições necessárias ao seu bom desenvolvimento intelectual e social e favoreceria o fortalecimento das qualidades indispensáveis ao ser humano para o desenvolvimento qualitativo da cidadania.

Segundo o art. 3º da LDBEN/1996:

Art. 3º – O ensino será ministrado com base nos seguintes princípios:

I – igualdade de condições para o acesso e permanência na escola;

II – liberdade de aprender, ensinar, pesquisar e divulgar a cultura, o pensamento, a arte e o saber;

III – pluralismo de ideias e de concepções pedagógicas;

IV – respeito à liberdade e apreço à tolerância;

V – coexistência de instituições públicas e privadas de ensino;
VI – gratuidade do ensino público em estabelecimentos oficiais;
VII – valorização do profissional da educação escolar;
VIII – gestão democrática do ensino público, na forma desta Lei e da legislação dos sistemas de ensino;
IX – garantia de padrão de qualidade;
X – valorização da experiência extraescolar;
XI – vinculação entre a educação escolar, o trabalho e as práticas sociais.
XII – consideração com a diversidade étnico-racial. (Incluído pela Lei nº 12.796, de 2013).
[...]

Os princípios destacados pela legislação são inegociáveis. Portanto, devem ser a espinha dorsal de toda a legislação educacional. Cabe ao Estado possibilitar as condições para sua efetivação e aos profissionais da educação a organização necessária para reivindicar que tais princípios sejam efetivados caso não estejam sendo cumpridos.

Dessa forma, podemos afirmar que esses princípios devem organizar todo o trabalho pedagógico, seja ele desenvolvido em instituições públicas ou privadas.

O conjunto de princípios elencados pela lei possibilita aos profissionais da educação a definição coletiva dos rumos da instituição de ensino, os quais devem estar descritos em seu PPP. Caso a compreensão de tais princípios esteja de fato fortalecida por todos aqueles que participam do dia a dia da escola, com certeza a educação ofertada caminha na direção de possibilitar ao aluno a construção de sua cidadania, o que é tudo que se espera da instituição de ensino chamada *escola*.

No entanto, como pudemos observar pelas estatísticas apresentadas neste capítulo, o sistema não é pensado com vistas ao atendimento quantitativo e qualitativo. Isso seria impensável de ocorrer nesses moldes, pois a característica da educação no país ainda é a de atender, ao longo do processo, um número cada vez menor de alunos, quando na verdade ela deveria estar preparada para dar conta da mesma demanda do início ao fim.

> **pense a respeito**
>
> O que se dirá, então, da garantia dos princípios elencados no art. 3º da LDBEN/1996?

É fundamental que ocorra ampla divulgação dos índices apresentados à população em geral, pois, se as condições que estão sendo oferecidas às crianças pelo sistema não permitem que elas aprendam e as condições de trabalho ofertadas aos profissionais da educação não são satisfatórias, é fundamental que ocorram maiores investimentos em educação. Mais do que isso, também é importante a reflexão sobre a necessidade de uma reestruturação da organização do trabalho pedagógico, além da necessidade de estimular a efetiva participação dos pais na vida escolar de seus filhos.

Cabe então à população (comunidade e profissionais da educação) exigir a melhoria das condições de acesso ao ensino e, ao mesmo tempo, a garantia de todos os princípios aqui elencados, com o objetivo de ampliar a qualidade oferecida no sistema educativo do país. Mais ainda, é preciso que seja formalizado um regime de colaboração entre os entes da federação que realmente possibilite o atendimento educacional à população, deixando definidas quais são as responsabilidades de cada segmento em ofertar os níveis de ensino regulamentados pela legislação.

Síntese

Apresentamos neste capítulo alguns dos principais artigos da legislação educacional, particularmente os que tratam da possibilidade de elaboração do PPP por parte da escola e dos princípios fundamentais que devem balizar a organização do trabalho pedagógico.

Com base nos princípios da legislação educacional, apresentamos alguns dos pressupostos de Saviani (2003) sobre a natureza e a especificidade da educação, a qual descrevemos como uma atividade intencional desenvolvida pelo ser humano com o objetivo de atingir uma determinada finalidade. Para tanto, esta deve ser planejada do início ao fim.

Finalizamos o capítulo descrevendo o atual contexto educacional nas educações básica e superior, apresentando os últimos dados estatísticos disponíveis, em uma análise do desempenho do sistema educacional brasileiro com base nos dados apresentados pelo Inep (2013a, 2013b).

Constatamos, pelos dados, que o sistema não está organizado para atender a todos. O único nível que quase universalizou o atendimento à população, de acordo com dados do Inep, é o ensino fundamental, com 96% das matrículas, em 2007, dos que estão em idade própria. Quanto à educação infantil e ao ensino médio, percebemos que estes estão muito distantes da universalização do atendimento, o que também foi constatado na educação superior.

No entanto, verificamos que o sistema não está preparado para atender qualitativamente à demanda, pois somente metade dos alunos consegue cumprir o esperado, ou seja, concluir esse nível de ensino em nove anos. A outra metade fica em média 12 anos na escola para conclui-lo.

Indicações culturais

TEMPOS modernos. Direção: Charles Chaplin. Produção: Charles Chaplin. EUA: United Artists, 1936. 87 min.

Após criar uma máquina revolucionária, um trabalhador é internado em um sanatório. Ao sair, é confundido com um comunista que liderava uma marcha de operários em protesto.

O filme retrata o período da industrialização, fornecendo elementos para a compreensão da lógica de controle, eficiência e produtividade da sociedade capitalista, que marca, em específico, as origens da função supervisora do pedagogo.

INIMIGO meu. Direção: Wolfgang Petersen. Produção: Stephen Friedman e Stanley O'Toole. EUA: 20th Century Fox, 1985. 108 min.

Nesta aventura de ficção científica, dois guerreiros envolvidos em uma selvagem guerra futurística entre a Terra e o planeta Dracon são abatidos e fazem aterrissagens forçadas em um planeta desolado e inóspito. A princípio, o humano (Dennis Quaid) e seu inimigo, um réptil alienígena (Louis Gosset Junior), estão determinados a se destruirem.

Inimigo meu mostra a aliança de dois seres diferentes que percebem gradualmente que a única maneira de se manterem vivos é superando o ódio mortal em prol da sobrevivência.

O filme fornece elementos para o reconhecimento da importância do trabalho em grupo na tentativa de superar adversidades que se apresentem no dia a dia e também propicia reflexões sobre a tolerância em relação às diferenças individuais existentes em cada ser humano, valorizando os aspectos coletivos.

Atividades de autoavaliação

1. A Lei nº 9.394/1996 estabelece os princípios a serem seguidos pelo ensino. Em relação a essa lei, assinale as sentenças que considerar verdadeiras:

    ( ) I – igualdade de condições para o acesso e permanência na escola.

    ( ) II – liberdade de aprender, ensinar, pesquisar e divulgar a cultura, o pensamento, a arte e o saber.

( ) III – pluralismo de ideias e de concepções pedagógicas.
( ) IV – respeito à liberdade e apreço à tolerância.
( ) V – existência de instituições públicas de ensino.
( ) VI – gratuidade do ensino em todos os estabelecimentos de ensino.
( ) VII – valorização do profissional da educação escolar.
( ) VIII – gestão democrática para o ensino público e privado.
( ) IX – garantia de padrão de qualidade social.
( ) X – valorização da experiência extraescolar.
( ) XI – vinculação entre a educação escolar, o trabalho e as práticas sociais.

Assinale a alternativa que corresponde à ordem correta:
a. I, II, III, V, VIII, IX, X.
b. I, II, III, IV, VII, X, XI.
c. I, II, IV, V, VI, X, XI.
d. I, III, IV, V, VII, IX, XI.

2. Para falarmos sobre a natureza e a especificidade da educação, resgatamos conceitos trabalhados por Saviani (2003). Identifique se as alternativas são verdadeiras (V) ou falsas (F) em relação à natureza do trabalho pedagógico:
( ) A educação é um fenômeno próprio dos seres humanos.
( ) Os seres humanos não se diferenciam dos demais seres vivos

( ) O ser humano necessita produzir continuamente sua própria existência e, em lugar de se adaptar à natureza, tem de adaptar a natureza a si, isto é, transformá-la, e isso é feito por meio do trabalho.

( ) Os animais não se adaptam à realidade natural e precisam transformar a natureza para produzir a sua existência.

( ) O trabalho instaura-se a partir do momento em que seu agente antecipa mentalmente a finalidade da ação. Consequentemente, o trabalho não é qualquer tipo de atividade, mas uma ação adequada a finalidades. É, pois, uma ação intencional.

A alternativa que corresponde à ordem correta é:
a. V, V, F, V, F.
b. F, F, V, V, F.
c. V, F, V, F, V.
d. V, V, V, V, V.

3. Se, para Saviani (2003), *trabalho* é uma atividade realizada pelo ser humano com a intenção de atingir determinada finalidade, qual é o conceito que esse autor utiliza para definir o trabalho educativo desenvolvido pelos profissionais na escola? Marque a alternativa que considerar correta:

a. Trabalho educativo é o ato de produzir, indiretamente, a humanidade que é produzida histórica e coletivamente pelos indivíduos.

b. Trabalho educativo é o ato de adaptar cada indivíduo singular à vida em sociedade e produzir sua humanidade com base na história dos homens.

c. Trabalho educativo é o ato de produzir, direta e intencionalmente, em cada indivíduo singular, a humanidade que é produzida histórica e coletivamente pelos indivíduos.

d. Trabalho educativo é o ato de repassar conhecimentos produzidos pela humanidade, valorizando a memorização desse repertório.

4. Para a escola cumprir sua função, não basta que ela exerça suas atribuições tendo como pressuposto o princípio do trabalho educativo. É preciso que ao elaborar seu PPP, ele tenha bem definido o objeto da educação. A esse respeito, identifique se as sentenças a seguir são verdadeiras (V) ou falsas (F) de acordo com as reflexões de Saviani (2003) tratadas neste capítulo:

( ) O objeto da educação diz respeito, por um lado, à identificação dos elementos da cultura local que precisam ser assimilados pelos indivíduos da espécie humana.

( ) O objeto da educação diz respeito, por outro lado e concomitantemente, à descoberta das formas mais adequadas para atingir esse objetivo.

( ) O objeto da educação diz respeito, por um lado, à identificação dos elementos culturais que precisam ser assimilados pelos indivíduos da espécie humana para que estes se tornem humanos.

( ) O objeto da educação diz respeito, por outro lado e concomitantemente, à metodologia que possibilita o ensino coletivo dos conteúdos necessários.

A alternativa que corresponde à ordem correta é:

a. V, F, V, F.
b. F, F, V, V.
c. F, V, V, F.
d. V, V, F, F.

5. Analise a tabela a seguir e indique se as afirmativas interpretam de forma coerente (V) ou não (F) os dados expostos:

Nível de ensino/Ano	2000	2004	2007
Ensino fundamental	6.074.649 (iniciam a 1ª série)	4.533.470 (iniciam a 5ª série)	3.013.901 (iniciam a 8ª série)

Fonte: Inep, 2013a.

( ) Os números apresentados apontam a garantia de acesso e permanência, como previsto no art. 3º, inciso I, da LDBEN/1996.

( ) Os números apresentados indicam que não existe política educacional que garanta o acesso, a permanência e a conclusão de estudos nos anos previstos para a conclusão do ensino fundamental.

( ) Os números apresentados indicam que a educação se incumbe de promover uma seleção dos melhores alunos para o mercado de trabalho.

( ) Podemos verificar, pelos números apresentados, que a educação ofertada, principalmente nas escolas públicas, é de qualidade.

A alternativa que corresponde à ordem correta é:

a. V, F, V, F.
b. F, F, V, V.
c. F, V, F, V.
d. F, V, V, F.

Atividades de aprendizagem

Questões para reflexão

1. Aprofunde seus conhecimentos sobre a legislação educacional brasileira retomando, principalmente, os aspectos que se referem aos princípios da educação e sobre a autonomia da escola, com base na leitura da LDBEN/1996.

   BRASIL. Lei n. 9.394, de 20 de dezembro de 1996. Diário Oficial da União, Brasília, 23 dez. 1996. Disponível em: <http://www.planalto.gov.br/ccivil_03/LEIS/l9394.htm>. Acesso em: 30 abr. 2010.

2. Faça uma consulta ao *site* do Inep <http://www.inep.gov.br/> e verifique se a análise realizada com base nos dados nacionais relativos ao ensino fundamental (item 1.3) corresponde à realidade do seu município. Em seguida, realize um breve comentário apontando se os dados correspondem ou não à análise realizada com base nos dados nacionais feita neste capítulo.

Atividade aplicada: prática

Procure conhecer pedagogos que atuam em sua cidade. Converse com pelo menos um deles e registre informações que dizem respeito aos princípios e à autonomia da escola descritos no PPP da instituição.

2
Gestão democrática: democracia e autonomia

Neste capítulo, convidamos você a uma reflexão a respeito dos mecanismos de participação ativa disponíveis ao cidadão brasileiro destinados à melhoria e à supervisão dos serviços ofertados pelo Estado.

> As instituições educacionais são organizadas por meio do projeto político-pedagógico (PPP), e há diversas formas de colocá-lo em prática.

As instituições educacionais são organizadas por meio do seu projeto político-pedagógico (PPP), e há diversas formas de colocá-lo em prática. O princípio que tomaremos como organizador do trabalho pedagógico e das relações pedagógicas no interior da escola é o da **gestão democrática**.

A escolha desse princípio é jusficada por ele ser a forma escolhida pela legislação educacional para organização dos sistemas de ensino. No entanto, essa não é a principal razão.

Os motivos que nos levam a acreditar no princípio da gestão democrática residem no fato de que esse preceito é fundamental para as relações humanas e deve ser pautado pela transparência, tanto na divulgação das informações necessárias ao grupo, com o intuito de que sejam tomadas as melhores decisões, quanto na garantia de que as definições coletivas sejam implementadas. Isso deve ocorrer com o diálogo franco, aberto e responsável de todos os envolvidos e, fundamentalmente, as relações baseadas na alteridade.

Dessa forma, compreendemos que é possível aos pedagogos coordenarem as ações desenvolvidas pelos professores para a oferta de uma educação de qualidade à população. Isso demandará desse profissional o pensamento em ações que possibilitem o enfrentamento dos desafios da organização escolar na atualidade.

O primeiro desses desafios consiste no problema de a gestão democrática, que deveria ser instituída no interior das escolas, caracterizar-se, principalmente, na atualidade, pelos princípios da gestão compartilhada*, em contraposição à construção de uma gestão substancialmente democrática da escola.

* Para maiores informações, consulte Nunes (1999, p. 37).

Para que possamos apontar as diferenças existentes entre as gestões "democrática" e "compartilhada", é necessário abordarmos previamente os conceitos de *democracia, gestão democrática* e *autonomia*. Eles são de fundamental importância para que você tenha clareza das reais intenções inscritas nas concepções que são disseminadas na escola e de como elas interferem na organização do trabalho pedagógico. Esse esclarecimento permite que o pedagogo escolha conscientemente entre as duas formas de gestão anteriormente citadas.

2.1 Gestão democrática ou compartilhada?

De acordo com Nunes (1999), a concepção de gestão democrática tem sido imposta pelos órgãos oficiais: as secretarias estaduais e municipais são responsáveis pela elaboração das políticas educacionais, bem como pela "qualificação" ou "desqualificação" destas, dependendo da leitura que essas instituições têm da realidade. Nesses moldes, a gestão deixa de ser "democrática" (substancial) para ser "compartilhada".

Segundo Nunes (1999, p. 37), "falar em compartilhar a gestão, no sentido de repartir, *participar ou tomar parte em*, é substancialmente diferente da democratização da gestão como forma de *controle da autoridade e dos poderes de decisão e execução*" [grifo nosso].

Portanto, quando falamos em *gestão compartilhada* ou *participativa*, não queremos dizer que os envolvidos no processo de organização da escola (família, professores, funcionários, pedagogos e alunos) exerçam de fato o seu direito de serem representados e de se representarem. Essa realidade dificulta qualquer forma de controle sobre aquele que dita o funcionamento da escola (o diretor), ou seja, sobre ações realizadas pelo profissional eleito pela comunidade escolar para representar os interesses da maioria.

Essa visão de gestão "compartilhada" se efetiva por meio de uma "pseudodemocracia", pois o diretor centraliza na sua figura todas as responsabilidades de decisão, e a comunidade escolar, nesse caso, é apenas "consultada". Assim, a participação restringe-se ao nível da consulta e não da decisão propriamente dita, em uma relação imposta, de cima para baixo (o que também pode ser observado, em outros níveis, nas políticas educacionais, como a implementação da Lei de Diretrizes e Bases da Educação Nacional (LDBEN) – Lei nº 9.394/1996 (Brasil, 1996) – ou dos Parâmetros Curriculares Nacionais (PCN).

> Segundo Nunes (1999, p. 37), "falar em compartilhar a gestão, no sentido de repartir, *participar ou tomar parte em*, é substancialmente diferente da democratização da gestão como forma de *controle da autoridade e dos poderes de decisão e execução*" [grifo nosso].

Concomitantemente a essa forma de gestão compartilhada, expande-se muito rapidamente a ideia deturpada de "autonomia" da escola. A concepção de autonomia, que as políticas governamentais voltadas à educação atualmente propõem, visa reconstituir uma visão cientificista, competitiva e individualista de educação, além de reduzir as funções do Estado em relação às áreas sociais e às decisões sobre a política de privatização, iniciativas de raízes neoliberais explícitas.

Para Veiga (2004, p. 20), "o significado de autonomia remete-nos para regras e orientações criadas pelos próprios sujeitos da ação educativa, sem imposições externas". Rios (citado por Veiga, 2004, p. 20), por sua vez, declara que "somos livres com os outros, não, apesar dos outros". Veiga (2004, p. 20) completa esse raciocínio ao afirmar que, "Por isso, a liberdade deve ser considerada, também, como liberdade para aprender, ensinar, pesquisar e divulgar a arte e o saber direcionados para uma intencionalidade definida coletivamente".

Para Gadotti e Romão (1997), a luta pela autonomia da escola insere-se numa luta maior pela autonomia no seio da própria sociedade. Portanto, esse embate depende muito da ousadia de cada escola em experimentar o novo e não apenas em pensá-lo.

Para que isso ocorra, é necessário percorrer um longo caminho na construção da confiança e da confiabilidade na escola, bem como na sua potencialidade de resolver seus problemas por si própria e de se autogovernar.

Ainda segundo Gadotti e Romão (1997, p. 47, grifo do original):

> *A autonomia se refere à criação de novas relações sociais, que se opõem às relações autoritárias existentes. Autonomia é o oposto da uniformização. A autonomia admite a diferença e, por isso, supõe a parceria. Só a igualdade na diferença e a parceria são capazes de criar o novo. Por isso, a escola autônoma não significa escola isolada, mas em constante intercâmbio com a sociedade.*

Dessa forma, hoje é comum a afirmação de que é importante que a escola exerça a sua autonomia; afinal, perguntariam os neoliberais:

> **pense a respeito**
> A busca da autonomia da escola não fez parte de um conjunto de reivindicações históricas dos educadores brasileiros comprometidos com a escola pública?

Poderíamos dizer que sim, se a autonomia a que essa pergunta se remete não tivesse a mensagem: "virem-se; busquem recursos para gerir a escola".

Pelos meios de comunicação, são louvadas as experiências em que pais e alunos passam a "fazer mutirões" (pintar as escolas, lixar as carteiras, fiscalizar a segurança etc.), além dos incentivos à organização de bingos, rifas e "contribuições (monetárias) espontâneas". Isso não significa que essas práticas não possam em hipótese alguma ser realizadas, mas que é importante esses momentos serem aproveitados para inserir a família dos alunos em outras discussões mais pertinentes à escola, e não chamá-los somente para arranjar recursos para a instituição.

> Destacamos outra característica do neoliberalismo que se desenvolve no Brasil: a presença de um Estado cada vez mais descomprometido com a esfera pública da sociedade e, ao mesmo tempo, altamente comprometido com os interesses do mercado, mostrando-se, nesse âmbito, plenamente intervencionista.

Nosso intento é o de explicitar a visão de autonomia atualmente difundida, que está intimamente ligada à ideia de privatização da escola pública, à "adoção" de escolas por parte de empresas privadas e à introdução cada vez mais profunda da escola pública na lógica perversa do capitalismo.

É com base nessas ações concretas que o ideário neoliberal vem sendo, de diversas maneiras, inculcado no interior das escolas (por meio da mídia, das políticas governamentais etc.). Esse ideário passa "naturalmente" a fazer parte do cotidiano escolar, pois as classes dominadas assumem o discurso da classe dominante como se fosse seu. Dessa forma, pais, alunos e professores passam realmente a acreditar que esse é o caminho – não o melhor caminho, mas o único. Cabe aqui lembrarmos as palavras de Gramsci (1991, p. 15):

> *um grupo social, que tem uma concepção própria de mundo, ainda que embrionária, que se manifesta na ação e, portanto, descontínua e ocasionalmente, isto é, quando tal grupo se movimenta como um conjunto orgânico, toma emprestada a outro grupo social por razões de submissão e subordinação intelectual, uma concepção que lhe é estranha.*

Tal situação contribui para a desarticulação do grupo social, que fica exposto ao jugo de um grupo mais forte ou influente.Por isso, é necessário discutirmos o que leva uma classe social – historicamente desapropriada das condições materiais e culturais de sobrevivência digna – a aceitar como seus os valores da classe dominante, acreditando realmente que o que é bom é o que é "pago", privado, não percebendo a dupla exploração que lhe é imposta.

Aqui destacamos outra característica do neoliberalismo desenvolvido no Brasil: a presença de um Estado cada vez mais descomprometido com a esfera pública e, ao mesmo tempo, altamente comprometido com os interesses do mercado, mostrando-se, nesse âmbito, plenamente intervencionista.

Em tempos de globalização, não podemos esquecer daquilo que afirma Freire (1996, p. 21-22):

> *A ideologia fatalista, imobilizante, que anima o discurso neoliberal anda solta no mundo. Com ares de pós-modernidade,*

insiste em convencer-nos de que nada podemos contra a realidade social que, de histórica e cultural, passa a ser ou a virar "quase natural". Frases como "a realidade é assim mesmo, que podemos fazer?" ou "o desemprego no mundo é uma fatalidade do fim do século" expressam bem o fatalismo desta ideologia e sua indiscutível vontade imobilizadora. Do ponto de vista de tal ideologia, só há uma saída para a prática educativa: adaptar o educando a esta realidade que não pode ser mudada.

Mas, disse bem o mestre Freire (1996, p. 22): "do ponto de vista de tal ideologia, só há uma saída". Isso equivale a dizer que é possível desmascarar o neoliberalismo por meio das contradições que ele mesmo aponta na prática, pois, como afirma o autor (1996, p. 144):

O discurso da globalização que fala da ética esconde, porém, que a sua é a ética do mercado e não a ética universal do ser humano, pela qual devemos lutar bravamente se optamos, na verdade, por um mundo de gente. O discurso ideológico da globalização astutamente oculta ou nela busca penumbrar a reedição intensificada ao máximo, mesmo que modificada, da medonha malvadez com que o capitalismo aparece na História. O discurso ideológico da globalização procura disfarçar que ela vem robustecendo a riqueza de uns poucos e verticalizando a pobreza e a miséria de milhões. O sistema capitalista alcança no neoliberalismo globalizante o máximo de eficácia de sua malvadez intrínseca.

De acordo com Gentili (1996), o neoliberalismo impõe à sociedade e, consequentemente, à escola, a pedagogia da exclusão. Atualmente, quase não são discutidas a gestão colegiada da escola e a função e a efetivação do conselho escolar – o que importa, na realidade, é buscar e gerir recursos. O diretor da escola, no âmbito neoliberal, transforma-se no gerente da instituição e a palavra de ordem é *qualidade*!

pense a respeito! Mas que qualidade é essa?

É a qualidade que faz uso da lógica da produtividade, a qual visa diminuir os custos a qualquer preço, mesmo que isso represente a falta ou a escassez de materiais dentro da escola e aprovar mais e de qualquer forma, sem analisar as reais condições da aprovação.

As políticas educacionais, preocupadas com a "correção de fluxo", não demonstram uma real preocupação com a qualidade do ensino. Aliás, até se fala de *qualidade*, mas não da qualidade comprometida em instrumentalizar as classes trabalhadoras para a busca da transformação das relações sociais. A qualidade que as referidas políticas evocam é aquela que deve dar conta de regularizar o "fluxo", ou seja, acertar os números idade-série, com o objetivo de se adequar às políticas do Banco Mundial. Essa é a gestão da qualidade aplicada às escolas.

A participação dos sujeitos da educação na organização e na gestão escolar continua nos limites da participação administrativa, o que significa que essa gestão seja possivelmente controlada. Portanto, a gestão democrática da escola se configura, ainda, como uma conquista a ser alcançada. Sem dúvida, é preciso ir além. É preciso avançar de forma a romper com a lógica do controle e da dominação que perpassa a organização e o funcionamento da escola, bem como as relações sociais que se constroem e reconstroem no seu interior.

Como afirma Dourado (1998), é preciso redefinir, além da forma de eleição, o exercício da função de diretor de escola. Segundo o autor (1998, p. 85):

> *Não queremos, todavia, imputar à eleição [do diretor de escola], por si só, a garantia da democratização da gestão, mas referendar essa tese enquanto instrumento para o exercício democrático. A nosso ver, é fundamental ampliarmos os horizontes da democratização da gestão, enfatizando, conjuntamente, a forma de escolha e o exercício da função, de modo a não incorrermos nos riscos de uma pretensa neutralidade frente às modalidades de escolhas, normalmente autocráticas. Assim, a forma de provimento no cargo não pode definir o tipo de gestão, mas, certamente, interfere no curso desta.*

As medidas adotadas em nome da descentralização e da autonomia da educação pública não foram muito além da transferência, para as unidades escolares, de tarefas e responsabilidades que antes estavam sob responsabilidade dos órgãos centrais e regionais de ensino. As medidas implementadas traduziram-se, por um lado, em maior flexibilização para que as unidades escolares definissem a melhor forma de utilização dos recursos destinados a elas e, por outro, em um acúmulo de funções burocráticas por parte do diretor que o desviam, e muito, do atendimento das questões pedagógicas da escola, sua função principal.

Contrapondo-se a essa forma de pensar e encaminhar as ações na escola, colocamos a possibilidade da gestão democrática – certamente pautada em princípios opostos aos do neoliberalismo, sendo, portanto, comprometida com os interesses da maioria da população, a transformação da sociedade – e não com a manutenção das relações sociais desiguais, injustas e excludentes postas atualmente.

> A participação dos sujeitos da educação na organização e na gestão escolar continua nos limites da participação administrativa, o que significa que essa gestão seja possivelmente controlada.

Segundo Arroyo, citado por Nunes (1999, p. 39):

> *Democratização da administração não significa eliminar a presença do Estado dos serviços públicos, mas buscar mecanismos para submeter as decisões ao debate e ao controle pela opinião pública, pais, grupos, partidos. Este controle, porém não pode limitar-se a mecanismos formais e simbólicos como a maior presença de pais e da comunidade na escola.*

Para complementarmos essa visão, valemo-nos das ideias de Spósito (1989, p. 6-7):

> *A gestão democrática vai além da simples participação e supõe a constituição de sujeitos coletivos através de formas*

de organização independentes porque elas darão sustentação à participação nos colegiados que são criados.

O grande desafio da gestão democrática não acaba na educação, porque o nosso grande desafio é democratizar a sociedade – isso aqui é apenas uma parcelinha de democracia [...].

Ainda segundo Spósito (1989, p. 8), é necessário retomar alguns pressupostos para que a gestão democrática da escola pública realmente se efetive, entre eles: "o resgate do caráter público da atividade educativa", "a ideia de que mais do que colaboração ou integração, trata-se de representação e participação", e a importância de que "os atores sociais envolvidos na questão educacional (professores, alunos, pais, moradores do bairro, associações, sindicatos etc.) se constituam como sujeitos coletivos". Portanto, a organização coletiva é pressuposto essencial para que as pessoas possam participar efetivamente de colegiados*, pois só assim a gestão da escola será realmente democrática, e não apenas "compartilhada".

*Trataremos dos colegiados nas páginas a seguir.

Para situarmos melhor a administração colegiada como uma forma de abertura da escola para um processo de gestão democrática, consideramos importante relatar um breve histórico de como essa abertura foi vista tradicionalmente, e em que contexto ela se coloca neste momento histórico.

Segundo Spósito (1989), no fim dos anos de 1920 e no início da década de 1930, Lourenço Filho e Fernando de Azevedo, educadores de tendência reformista, propunham a abertura da escola aos pais, à família e aos moradores dos arredores, em busca de maior proximidade entre a as instituições escolares e a população. Essa proposta, reservada apenas às escolas elementares destinadas a grupos sociais desprivilegiados da sociedade, tinha um caráter autoritário e extremamente conservador, que partia do princípio de que era preciso, por meio da tutela dessa população, "higienizar o ambiente", seja pela moral, seja pela saúde, seja pelo civismo.

Na década de 1970, empregou-se um empenho maior em assegurar o comparecimento dos pais à escola, tanto que a Lei nº 5.692, de 11 de agosto de 1971 (Brasil, 1971)* tornou compulsória essa presença. O art. 62 dessa lei dispunha sobre a obrigatoriedade da criação de entidades/associações com o objetivo de aumentar a relação entre pais e professores. Essas associações estavam atreladas a sistemas rígidos de burocracia e eram controladas pela direção da escola e conduzidas pela ideia de participação conectada à colaboração e à integração, basicamente ligadas à manutenção material das escolas.

* Revogada pela LDBEN/1996.

Atualmente, a discussão sobre a participação da comunidade no espaço de ensino é feita em conselhos escolares e no âmbito da legislação. No entanto, é necessário elucidar o contexto socioeconômico e político em que essas discussões e propostas se dão.

De acordo com Prais (1990), o início do processo de democratização interna da escola se situa no período de 1975-1985, caracterizado economicamente pela internacionalização do mercado interno, graças à abertura da economia do país ao capital estrangeiro, que, por sua vez, assegurava a aristocratização do consumo e a expansão das exportações, e politicamente pelo atrofiamento da sociedade civil por meio da ampliação dos aparelhos de Estado e do fortalecimento e domínio do Poder Executivo. Esse atrofiamento também era consequência da rearticulação e reorganização da classe trabalhadora, que, à custa de intensos esforços, conquistou alguma condição de manifestar seus interesses. Temos, então, um momento de transição política e democrática, imposta como única forma de assegurar o poder.

Essa transição que se estabeleceu no país possibilitou, nas eleições para governadores de estado, em 1982, segundo Prais (1990, p. 54), o seguinte panorama:

as propostas das camadas populares assumidas por políticos oposicionistas tornaram-se vitoriosas, os novos governantes compreenderam a importância de uma política de atendimento às necessidades básicas da população. O fato explica o surgimento, em vários Estados brasileiros, de novas iniciativas no campo da educação.

Uma dessas novas iniciativas que visam ao fortalecimento da participação da população nas definições sobre a educação são os colegiados, os quais podem ser tecnicamente definidos como órgãos coletivos que analisam os problemas da escola e decidem a melhor maneira de solucioná-los. Esses colegiados são formados paritariamente, ou seja, mantidos, coordenados,

> Uma dessas novas iniciativas que visam ao fortalecimento da participação da população nas definições sobre a educação são os colegiados, que podem ser tecnicamente definidos como órgãos coletivos que analisam os problemas da escola. Eles são formados paritariamente, ou seja, mantidos, coordenados, enfim, implantados por representações de pais, alunos, professores e funcionários.

enfim, implantados por representações de pais, alunos, professores e funcionários.

Rodrigues (1984, p. 72-79) aponta o colegiado como uma organização que congrega pessoas que passam a trabalhar em função de um objetivo comum, o que permite a "superação da prática do individualismo e do grupismo". Esse ente deve ser considerado "uma forma de organização e administração que facilita a participação ampla de todos os setores da comunidade escolar, formando indivíduos com consciência de sua responsabilidade social e política, capazes de pensar, dirigir e controlar quem dirige".

É preciso considerar que a "democratização da escola e da sociedade é, essencialmente, um processo histórico que depende da ação organizada das pessoas" (Rodrigues, 1984, p. 74), portanto, não é uma ação que possa ser desenvolvida como uma receita pronta e acabada. Ela depende da vontade e do comprometimento de todos os envolvidos nesse processo, e esse compromisso deve estar diretamente atrelado à função da escola.

Uma administração colegiada, entendida como forma de organização e administração que facilita a participação ampla de todos os setores da comunidade escolar, está necessariamente atrelada a uma concepção pedagógica progressista de educação, que entende como função da escola, além da transmissão do saber historicamente produzido e acumulado (que instrumentalizará a classe dominada

> É preciso considerar que a "democratização da escola e da sociedade é, essencialmente, um processo histórico que depende da ação organizada das pessoas." (Rodrigues, 1984, p. 74).

contra a dominante), a formação de "indivíduos com consciência da sua responsabilidade social e política, capazes de pensar, dirigir e controlar quem dirige" (Rodrigues, 1984, p. 75), ou seja, formar as pessoas para o exercício pleno da cidadania.

Essa cidadania é definida pelo refererido autor (1984, p. 72-79) como a formação do ser humano social, capaz de estabelecer relações para além do seu individualismo e egoísmo e compreender que seu conhecimento técnico, profissional, científico e intelectual só tem valor se for socialmente necessário.

A administração colegiada torna-se, de acordo com a definição anterior, uma prática determinante da democratização da escola, quando faz sobrepor os interesses coletivos sobre os interesses individuais, ao mesmo tempo em que efetiva uma pedagogia que abre espaço para as forças emergentes da sociedade.

A determinação da administração colegiada na democratização da escola pode ser afirmada, também, pela presença dos pressupostos da democracia: participação, responsabilidade e direito à informação. Esses pressupostos são vivenciados por todos os segmentos integrantes da comunidade escolar incluídos na prática dessa administração.

De acordo com Prais (1990, p. 22), a administração colegiada é decorrente do processo de descentralização administrativa e "procura democratizar o processo pedagógico e a infraestrutura que o suporta, permitindo a participação de toda a comunidade escolar nas decisões que afetam a vida interna da escola".

Para o mesmo autor (Prais, 1990), o colegiado deve ser entendido como instância de análise e decisão de questões relativas ao processo educacional, devendo ser não apenas um auxiliar de direção, mas um órgão de tomada de decisões em todos os níveis, para que o exercício da democracia possa ser efetivado. Apesar de ver a ação colegiada como um acontecimento singular em cada estabelecimento de ensino que, por sua vez, procura seu próprio significado, Prais (1990) destaca que alguns aspectos desse processo são comuns e apresentados por diversos autores dedicados a estudar a administração colegiada como ferramenta necessária e fundamental para garantir o processo de democratização da escola pública. Entre os aspectos que a autora levanta, destacamos as seguintes observações:

- A democratização da escola e da sociedade tem por base as características predominantes do processo histórico vivenciado pelos seres humanos e depende da ação organizada e intencional das pessoas, não cabendo aí, portanto, nenhuma forma espontânea, ou seja, a democratização não é uma ação que vem pronta e acabada; ela depende do nível de organização e do direcionamento que lhe são dados e tem de ser desejada.
- O colegiado precisa ser visto como um trabalho coletivo que todos os envolvidos devem respeitar.
- O conselho não pode se tornar um núcleo fechado dentro da escola, para tanto, deve manter práticas de democracia direta: reunião ampla com todos os integrantes de um segmento da escola.

- Os integrantes dos segmentos da comunidade escolar devem se construir como sujeitos coletivos, mantendo formas de organização independentes que darão sustentação à sua participação no colegiado.
- Os integrantes da ação colegiada precisam buscar o consenso, compreendendo a ideia de que há unidade na diversidade a partir do horizonte comum que é a melhoria da escola pública e da educação.
- A direção da escola deve assumir o papel de dirigente no sentido gramsciano (técnico e político), desenvolvendo uma competência técnica que a auxilie a produzir um projeto político viável, que oriente a participação de todos os segmentos na gestão democrática.

> Como a prática escolar está inserida na prática social, não é necessário esperar por uma revolução para que as mudanças aconteçam.

Portanto, o papel exercido pelo diretor é de fundamental importância para o processo de democratização da escola. Neste ponto do capítulo, podemos concluir que, considerando a escola com base na concepção histórico-crítica de educação, e, de acordo com Gramsci (1978), como um espaço de luta de classes, em que a classe proletária possa se instrumentalizar contra a classe dominante, construindo uma contra-hegemonia, e também como o espaço que comporta intrinsecamente as contradições e as lutas que se evidenciam no interior das formações sociais capitalistas, é possível compreendermos que a escola atua como coadjuvante no movimento de transformação social.

Portanto, como a prática escolar está inserida na prática social, não é necessário esperar por uma revolução para que as mudanças aconteçam. Dessa forma, a democratização da administração escolar e do saber por ela veiculado não são considerados apenas possíveis, mas fundamentais na formação da consciência crítica na maioria da população.

Outro fator que deve ser considerado importante na construção da gestão democrática é a necessidade do envolvimento de todos os segmentos da escola na construção do PPP. É a partir da definição da identidade da escola e das concepções de homem e sociedade pelo coletivo de profissionais que trabalham na escola, com a participação da comunidade, que será possível garantir a unidade pedagógica necessária para que a escola cumpra sua função: socializar o saber historicamente acumulado, oportunizando às camadas populares (a maioria da população) a compreensão crítica das relações sociais das quais fazem parte.

> Outro fator que deve ser considerado importante na construção da gestão democrática é a necessidade do envolvimento de todos os segmentos da escola na construção do PPP.

É nesse sentido, o de resgatar a importância da organização coletiva, que destacamos as citações a seguir.

Segundo Gonçalves (1994, p. 72):

> *Tornar a escola mais autônoma é fortalecer o poder de controle e cobrança da sociedade civil, dos deveres que tem o Estado para com a educação pública, possibilitando, deste modo, que a face pública do Estado, ainda que na ordem do capital, se amplie e se dilate. Portanto, buscar a socialização do poder político de fato e não apenas transferir as responsabilidades da gerência da escola pública para a comunidade.*

Ainda conforme Gonçalves (1994, p. 79):

> *A real autonomia da escola pública não virá pelo alto, como uma respeitável política de governo! (e quando vem é preciso estar alerta). Será fruto da ação dos trabalhadores organizados e dos educadores presentes nas escolas, que entendem a importância da participação popular da escola pública, como condição de avanço da democracia na sociedade.*

Portanto, uma das condições indispensáveis para que o PPP seja construído é, sem dúvida, a formação continuada de todos os profissionais que trabalham na escola, pois é essa especialização que possibilitará o maior nível de incorporação dos elementos caracterizadores do projeto definido coletivamente. A necessidade de efetivação desse documento na escola requer aproximação conceitual e um trabalho que promova uma relação teórico-prática de qualidade, pois o que desejamos é a práxis transformadora e a educação progressista (mesmo em suas diferentes vertentes), que levam à emancipação humana no sentido mais amplo.

Para que o propósito de trabalharmos com o objetivo de colaborar na emancipação humana se efetive, temos que mudar a lógica do planejamento em educação, pois ela está intimamente vinculada ao paradigma epistemológico do positivismo, em que as análises mais complexas, de maior alcance, são rejeitadas e consideradas sem importância para o planejamento. Esse paradigma é baseado em problemas delimitados, com um sentido de urgência e imediatismo e motivado não tanto por razões teóricas, mas por práticas de solução de problemas específicos, em curto prazo, visando a uma relação otimizada de custo-benefício.

É necessário desfazer a ideia de que o desenvolvimento está no crescimento econômico e que a economia é a ciência social modelo a ser indiscriminadamente seguida em todos os campos.

Entre os caminhos para a efetiva democratização do ensino público, um dos mais enfatizados é o envolvimento e a participação de pais, moradores, movimentos populares e sindicais comprometidos com uma educação de qualidade.

As dificuldades no processo de democratização do sistema público, no que diz respeito às suas formas de gestão, e as tentativas de aproximação da população com a escola demonstram que a natureza dos problemas encontrados e a superação deles não se limitam meramente à instituição de mecanismos que possibilitem a participação formal da população.

Portanto, a ampliação da participação da comunidade nas decisões é um avanço para criarmos condições para que os cidadãos que fazem uso do sistema público de ensino participem verdadeiramente. Além da participação formal, é necessária a instituição de condições reais que promovam e qualifiquem tal ação.

O fortalecimento das relações entre a escola, a família e a comunidade escolar favorece o entendimento desse mecanismo como sendo de fato de representação e participação política. Como afirma Spósito (1989, p. 5): "Não há democratização possível, ou gestão democrática da educação ao lado de estruturas administrativas burocratizadas e, consequentemente, centralizadas e verticalizadas, características rotineiras dos organismos públicos no Brasil, na área de educação".

De acordo com esse ponto de vista, as concepções sobre a gestão democrática não se esgotam na criação de canais de participação social no plano das unidades escolares. Torna-se necessário redefinirmos o âmbito dessa participação, ampliando-a cada vez mais para subsidiar as escolas com efetivo poder de decisão e autonomia.

Sendo assim, a criação e a presença de canais institucionais capazes de viabilizar essa participação ampla e democrática são muito importantes para a real efetivação da gestão democrática na escola. No entanto, é preciso caminhar com o objetivo de ultrapassar as fronteiras da instituição escolar, e é aqui que a luta maior deve ser travada, pois é preciso aproveitarmos qualquer possibilidade de presença popular efetiva nas decisões referentes aos rumos dados ao sistema educativo brasileiro, a fim de alcançar a organização autônoma da população e superar a participação tutelada.

> Entre os caminhos para a efetiva democratização do ensino público, um dos mais enfatizados é o envolvimento e a participação de pais, moradores e movimentos populares e sindicais.

De acordo com dados do Instituto Brasileiro de Geografia e Estatística – IBGE (2007), metade das famílias brasileiras ganhava, em 2006, menos de R$ 350,00, e o valor *per capita* do seu rendimento médio era de R$ 596,00.

O IBGE (2007) mostra ainda que:

> *No caso do rendimento das famílias situadas nos quatro primeiros décimos da distribuição de renda (as 40% mais*

pobres), o valor médio era R$ 147,00, ou pouco menos de ½ salário mínimo daquele ano. No último décimo, o rendimento alcançou quase R$ 2.678,00, ou seja, 18 vezes mais. Considerando o conjunto de cerca de 565 mil famílias correspondente ao 1% mais rico, o rendimento médio era de R$ 7.688,00 per capita. Tais resultados evidenciam o alto nível de desigualdade de renda no País.

Podemos constatar, pelos dados anteriormente expostos, que, em nosso país, infelizmente, a desigualdade é muito grande, fazendo com que boa parte das famílias brasileiras não possuam condições básicas de sobrevivência e dignidade.

> A ampliação da participação da comunidade nas decisões é um avanço para se criarem condições efetivas de participação dos trabalhadores e cidadãos que fazem uso do sistema público de ensino.

Duas realidades convivem muito próximas e muito distantes: a dos poucos – os ricos, que têm cada vez mais –, e a dos muitos – os pobres, que dia a dia vão sendo cada vez mais subtraídos. Tal realidade favorece o acontecimento de catástrofes sociais que se sucedem umas após as outras, levando-nos a não pensarmos sobre elas e, no final das contas, considerá-las corriqueiras.

O que precisamos ter claro é que todos os setores da sociedade podem e devem criar estratégias que contribuam para o resgate da humanidade. Cientes disso, devemos pensar como nós, trabalhadores da educação, podemos desenvolver nossas atividades para que também possamos colaborar com tal finalidade.

O urgente é entendermos que, sem uma discussão sobre os objetivos da educação, não poderemos traçar novos rumos para o país em que queremos que vivam nossos filhos.

Síntese

Neste capítulo, dedicamo-nos à reflexão sobre o processo de gestão democrática, trazendo elementos fundamentais para a compreensão dessa forma de gestão do ensino.

Procuramos explicitar o princípio da gestão democrática como aquele que deve balizar a ação de todos os profissionais que trabalham na escola, pública ou privada, e apontamos a necessidade de organização de ações efetivas que fortaleçam os mecanismos de gestão colegiada na escola.

Ao fazê-lo, apontamos claramente algumas das principais dificuldades encontradas pelos diretores/gestores, profissionais e trabalhadores da educação na tentativa de efetivar os mecanismos de gestão colegiada.

> O que precisamos ter claro é que todos os setores da sociedade podem e devem criar estratégias que contribuam para o resgate da humanidade e, cientes disso, pensarmos como nós, trabalhadores da educação, poderemos desenvolver nossas atividades para que também possamos colaborar com tal finalidade.

Indicações culturais

SARAFINA – O som da liberdade. Direção: Darrell James Roodt. Produção: Anant Singh. EUA: Warner Home Vídeo, 1993. 98 min.

Esse filme retrata o movimento estudantil negro que se formou contra a opressão do *apartheid* na África do Sul dos anos de 1970/1980. Nesse contexto social, Sarafina procura encontrar o equilíbrio entre os ideais de Nelson Mandela e de sua professora, os desesperados atos terroristas de seus companheiros estudantes e a odiosa tortura realizada pelo inimigo branco.

O filme possibilita a identificação das dificuldades sociais, políticas e econômicas pelas quais passou a África do Sul, bem como a reflexão crítica sobre o desenvolvimento das lutas por direitos e seus conflitos e a elaboração de atitudes contrárias ao racismo, ao preconceito e a qualquer forma de discriminação.

SOCIEDADE dos poetas mortos. Direção: Peter Weir. Produção: Steven Haft, Paul Junger Witt e Tony Thomas. EUA: Buena Vista Pictures, 1989. 128 min.

Um carismático professor de literatura, John Keating, volta à cidade depois de vários anos e inicia seu trabalho em um colégio conservador. Aos poucos, o docente revoluciona os métodos de ensino ao propor que seus alunos aprendam a pensar por si mesmos, apesar dos conceitos moralistas e opressores do colégio.

O professor logo transforma a rotina de todos, com humor e sabedoria, e inspira os rapazes a abrirem suas mentes, a encararem seus desafios e a seguirem seus sonhos, o que leva os estudantes a reabrirem uma antiga sociedade secreta, a chamada *Sociedade dos poetas mortos*. Os jovens demonstram ter energia e criatividade e os resultados começam a aparecer e, com eles, os conflitos com as atitudes conformistas dos pais e da rígida direção da instituição escolar.

O filme apresenta uma maneira de encarar o mundo e um alerta para que nos tornemos pessoas de mente aberta ao diálogo e a novas possibilidades, realçando que a liberdade de expressão ou de ação é um bem inalienável.

Carpe diem, aproveitem o dia, e o filme também!

Atividades de autoavaliação

1. Ao definirmos as atribuições das instituições educacionais, enfatizamos que o princípio organizador do trabalho pedagógico é o PPP e, ao mesmo tempo, afirmamos que a gestão do ensino deve ser realizada por meio da gestão democrática, a qual deve prever mecanismos de ação coletiva para que as definições e as relações pedagógicas sejam coerentes com o princípio anteriormente citado. Com base nessas afirmações, marque as afirmativas que considerar fundamentais para o funcionamento da gestão democrática no ensino:

    I. A gestão deve ser pautada pela transparência, com divulgação ampla de todas as informações necessárias para o debate do assunto em pauta.

    II. Não é necessário que todas as definições coletivas sejam implementadas, pois o diretor sabe o que é melhor para a escola.

    III. As reuniões devem ser pautadas pelo diálogo franco, aberto e responsável de todos os envolvidos.

    IV. As relações entre as pessoas envolvidas no processo devem ser baseadas no princípio da alteridade.

    V. As reuniões dos mecanismos de gestão são marcadas sempre em caráter de urgência e as pessoas participam com suas opiniões individuais sobre o assunto.

Assinale a alternativa que corresponde às sentenças corretas:
a. I, III, IV.
b. I, II, III.
c. I, III, V.
d. II, III, IV.

2. Neste capítulo, salientamos diferenças existentes entre a concepção de gestão democrática e gestão compartilhada, de acordo com Nunes (1999). Assinale com (V) as afirmações que correspondem aos elementos que no seu entendimento caracterizam a gestão compartilhada e com (F) para as alternativas que não correspondem a ela:

( ) A gestão compartilhada deve ser pautada pela transparência, com divulgação ampla de todas as informações necessárias para o debate do assunto em pauta.

( ) A gestão compartilhada tem apenas o sentido de compartilhamento em todos os processos da gestão.

( ) As reuniões devem ser pautadas pelo diálogo franco, aberto e responsável de todos os envolvidos.

( ) A gestão compartilhada se efetiva por meio de uma "pseudodemocracia", pois o diretor assume para si todas as responsabilidades de decisão e a comunidade escolar é apenas consultada.

( ) Na gestão compartilhada ou participativa não significa que de fato os envolvidos no processo de organização da escola (família, professores, funcionários, pedagogos e alunos) exerçam o seu direito de serem representados e de se representarem.

Marque a alternativa que corresponde à sequência correta:
a. V, V, F, V, V.
b. V, V, V, F, F.
c. F, F, V, V, V.
d. V, F, F, V, V.

3. Para se compreender melhor o processo de gestão, seja ela democrática, seja ela compartilhada, é preciso entender a concepção de autonomia. Concomitantemente ao conceito de gestão compartilhada, uma ideia deturpada de "autonomia" da escola vem se expandindo rapidamente. A concepção de autonomia das políticas governamentais, a partir de meados dos anos 1990, e que em boa parte ainda permanecem atualmente nos sistemas educacionais, visam à ideia de reconstituir o mercado, a competição e o individualismo; reduzir as funções do Estado em relação às áreas sociais; e manter a política de privatização do público – iniciativas de raízes neoliberais explícitas. Para combater tais ideias, é preciso retomar a concepção de autonomia forjada nos anos de 1980. Em relação a este último conceito de autonomia, identifique como verdadeiras (V) ou falsas (F) as afirmações a seguir:

( ) O significado de autonomia remete-nos a regras e orientações criadas pelos próprios sujeitos da ação educativa, sem imposições externas: "somos livres com os outros, não apesar dos outros" (Rios, citado por Veiga, 2004, p. 20).

( ) A autonomia, tal como é compreendida pelos neoliberais, incentiva a escola a buscar recursos para se autogerir; em outras palavras, incentiva a política do: "virem-se". Os meios de comunicação, por sua vez, louvam as experiências de pais e alunos que passam a "fazer mutirões" para pintar as escolas, lixar as carteiras, fiscalizar a segurança etc.

( ) A autonomia da escola se insere na luta pela autonomia da própria sociedade e depende muito da ousadia de seus profissionais em experimentar o novo, e não apenas de pensá-lo.

( ) A autonomia necessita da criação de novas relações sociais que sejam pautadas por relações democráticas e horizontalizadas que se oponham a qualquer tipo de relação autoritária presente em nossa sociedade. Por isso, a escola só se torna autônoma se estiver em constante intercâmbio com a sociedade (Gadotti; Romão, 1997).

( ) A luta pela autonomia da escola é possível, mesmo que ela não ocorra no seio da própria sociedade. Portanto, ela depende muito da ousadia de cada escola.

Assinale a alternativa que corresponde à sequência correta:
a. V, F, V, V, F.
b. V, V, V, F, F.
c. V, F, V, V, V.
d. F, V, V, V, F.

4. O ideário neoliberal vem sendo, de diversas maneiras, inculcado no interior das escolas (por meio da mídia e das políticas governamentais). Tais ações concretas passam, com muita naturalidade, a fazer parte do cotidiano escolar, pois as classes dominadas assumem o discurso da classe dominante como se fosse seu. Em relação às características do neoliberalismo, indique as alternativas como verdadeiras (V) ou falsas (F):

( ) A gestão democrática é ressignificada e passa a ser compreendida como uma gestão compartilhada.

( ) Em função da força da mídia, pais, alunos e professores passam realmente a acreditar que a gestão compartilhada é o caminho – não o melhor caminho, mas o único possível para melhorar as condições da escola.

( ) O diretor da escola, no âmbito neoliberal, transforma-se naquele que executa as deliberações do conselho escolar e preocupa-se principalmente com o âmbito pedagógico da escola.

( ) As políticas educacionais demonstram preocupação com a qualidade do ensino e associam a qualidade à possibilidade de instrumentalizar as classes trabalhadoras para a busca da transformação das relações sociais.

( ) Outra característica do neoliberalismo que se desenvolve no Brasil é a presença de um Estado cada vez mais descomprometido com a esfera pública e, por outro lado, altamente comprometido com os interesses do mercado, mostrando-se, nesse âmbito, plenamente intervencionista.

Assinale a alternativa que corresponde à sequência correta:
a. V, V, F, V, V.
b. V, V, F, F, V.
c. V, F, V, F, F.
d. F, V, V, V, V.

5. Apesar de se compreender que a ação colegiada é um acontecimento singular em cada estabelecimento de ensino e que este procura seu próprio significado, alguns aspectos desse processo são apresentados, pelos autores que se dedicam a estudar a administração colegiada, como necessários e fundamentais para garantir o processo de democratização da escola pública. Analise as opções a seguir e assinale com (V) as afirmativas que correspondem às características principais dos órgãos colegiados e com (F) as que não correspondem a elas:

( ) A democratização da escola e da sociedade tem por base as relações e as características predominantes do processo histórico vivenciado pelos seres humanos e depende da ação organizada e intencional das pessoas.

( ) O colegiado deve ter como objetivo um trabalho coletivo, obrigatório e respeitado por todos os envolvidos.

( ) O conselho escolar é um núcleo fechado dentro da escola, e não precisa, portanto, manter práticas de democracia direta, como reunião ampla com todos os integrantes de um segmento da escola.

( ) Os integrantes dos segmentos da comunidade escolar devem se construir como sujeitos coletivos, mantendo formas de organização independente que darão sustentação à sua participação no colegiado.

( ) Os integrantes das ações colegiadas devem buscar o consenso, compreendendo a ideia de que há unidade na diversidade, com base no horizonte comum, que é a melhoria da escola pública e da educação.

( ) A direção deve assumir o papel de questionar e intervir nas decisões do conselho, mesmo que tais definições sejam orientadas pelo PPP.

Identifique a alternativa que corresponde à sequência correta:

a. V, V, F, V, V, F.
b. V, V, V, F, F, F.
c. V, F, V, F, V, F.
d. F, V, V, V, F, V.

Atividades de aprendizagem

Questões para reflexão

Aprofunde seus conhecimentos sobre a gestão da educação realizando a leitura do seguinte texto:

PARO, V. H. A gestão da educação ante as exigências de qualidade e produtividade da escola pública. In: SILVA, L. H. da (Org.). A escola cidadã no contexto da globalização. Petrópolis: Vozes, 1998. Disponível em: <http://www.escoladegestores.inep.gov.br/downloads/artigos/gestao_da_educacao/a_gestao_da_educacao_vitor_Paro.pdf>. Acesso em: 5 abr. 2010.

Com base na leitura do texto de Vitor Henrique Paro, reflita sobre as seguintes ideias:

1. O autor relata em seu texto que, se estivermos de fato interessados em soluções para nosso atraso educacional, é preciso refletirmos sobre o que entendemos por *educação de qualidade*. Sendo assim, destaque alguns elementos do texto que apontam nessa direção.

2. O autor afirma que, ao assumimos uma concepção de educação que tenha como premissa oferecer ensino de qualidade, é importante considerarmos pelo menos duas questões de ordem administrativa. Descreva-as.

Atividade aplicada: prática

Procure conhecer uma escola que tenha atuação de pedagogos em sua cidade e questione-os sobre a existência de algum mecanismo de gestão democrática na instituição em que trabalham, principalmente o conselho de escola. Caso ele exista, descreva em linhas gerais o seu funcionamento.

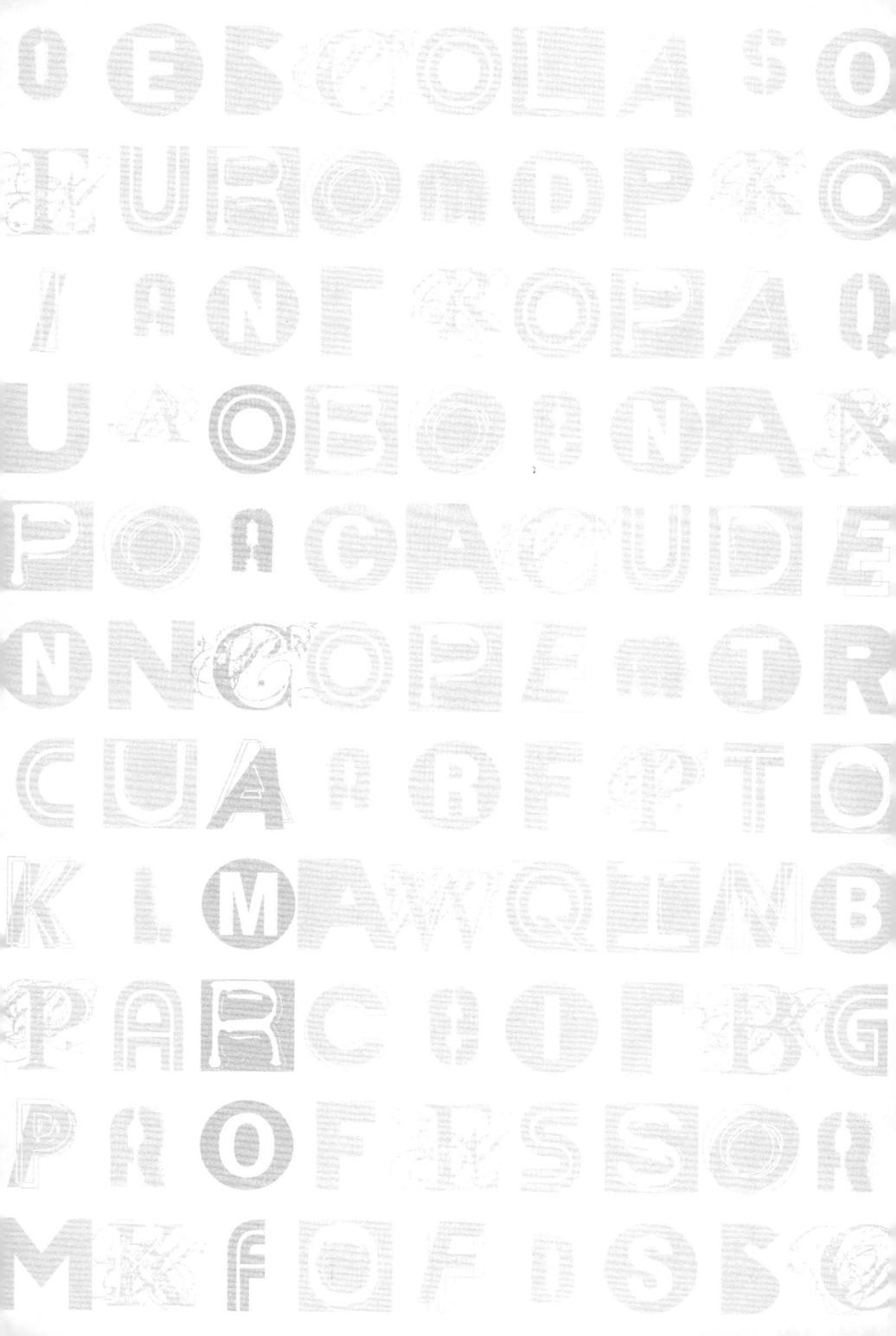

ESCOLA
EUROPA
DE
BOLONHA
ACUDE
OPERA
ARTE
MAR
PARC OUR
PROFESSOR
FOFIS

3
A ação do pedagogo no funcionamento dos mecanismos de gestão democrática

A participação efetiva da comunidade escolar na gestão democrática é a meta a ser alcançada por todos aqueles que trabalham na e pela escola: alunos, pais, professores, pedagogos, diretores e funcionários. Tal tarefa implica a reflexão e a tomada de decisão coletiva em todas as dimensões do trabalho pedagógico da instituição escolar (pedagógica, administrativa e financeira).

Para tanto, é necessário que a participação efetiva seja assumida por todos os segmentos que formam a comunidade escolar (famílias, estudantes, profissionais da educação). Para participar efetivamente do processo, é preciso estar bem informado e teoricamente embasado, pois tal tarefa irá exigir o diagnóstico e a análise da realidade, de tal forma que permita perceber as reais necessidades da escola com vistas a desenvolver um trabalho pedagógico que busque a superação das dificuldades encontradas, o enfrentamento da fragmentação do saber e a busca constante pela unidade entre teoria e prática referentes aos conhecimentos historicamente acumulados e que são trabalhados no interior da escola.

A busca pela consolidação da participação efetiva incentiva o resgate do controle do processo e do produto do trabalho por parte dos educadores, bem como impõe a transparência nas decisões, fortalece reivindicações legítimas dos grupos sociais garante o controle, por parte da sociedade, sobre os acordos estabelecidos e, sobretudo, contribui para que sejam contempladas questões que de outra forma nem seriam cogitadas.

Contudo, muitas vezes ficamos esperando que alguém solucione os problemas, sejam eles sociais, ou educacionais, alegando que não temos tempo para nos envolver. No entanto, quando as providências são tomadas, aí sim encontramos tempo para resmungar, reclamar sem argumentação consistente, de forma desorganizada e sem reais propostas de ação, ou seja, "reclamamos por reclamar".

> A participação efetiva da comunidade escolar na gestão democrática é a meta a ser alcançada por todos aqueles que trabalham na e pela escola: alunos, pais, professores, pedagogos, diretores, funcionários. Tal tarefa implica a reflexão e a tomada de decisão coletiva em todas as dimensões do trabalho pedagógico da instituição escolar (pedagógica, administrativa e financeira).

pense a respeito! Será que não percebemos que, quando nos negamos a pensar, há alguém que faz isso por nós e, muitas vezes, em nosso nome, defende ideias com as quais não concordamos e que podem ir contra não somente os nossos interesses pessoais, como também os nossos princípios? Por que não participamos das decisões e ficamos, muitas vezes, ao sabor dos mandos e desmandos dos outros?

Em nossa sociedade capitalista, que se baseia no princípio da representatividade, não temos oportunidade de participar de decisões referentes a diversos assuntos: em vez disso, vemos grupos cada vez mais restritos decidirem arbitrariamente sobre a vida da maior parte da população. Quando muito, somos convidados a legitimar decisões que já foram tomadas anteriormente, pois nessas instâncias não existe o poder de decisão, e sim somente o da participação.

Basicamente, nossa participação nessa sociedade que se baseia no princípio da democracia representativa se esgota no exercício do voto, único momento em que o eleitor tem a possibilidade de garantir que alguém tente defender as ideias com as quais ele se identifica – caso tenha buscado conhecer as ideias e propostas de seus candidatos. No entanto, quando o eleitor nem mesmo conhece as propostas do candidato (quando não desconhece o próprio candidato) ele está contribuindo para que o sistema político do país mantenha o poder de decisão nas mãos de pequenos grupos, que continuarão a tomar decisões arbitrárias e que não contemplam a maioria da população.

pense a respeito! Devemos achar normal esse procedimento e acreditar que deve ser assim mesmo? A democracia de que tanto se fala é feita dessa forma?

Não podemos mais ficar assistindo a esses acontecimentos, afinal, não somos meros espectadores; fazemos parte da trama social e tudo o que nela acontece nos afeta direta ou indiretamente, queiramos ou não. Então, por que continuamos nessa passividade?

Como trabalhadores da educação, temos de aproveitar todos os espaços de participação existentes e lutar por maiores espaços de participação social efetiva para garantirmos não somente o direito de emitirmos nossa opinião, mas, também, e principalmente, o de sermos ouvidos. Devemos lutar para que decidamos coletivamente os rumos a serem tomados.

É dentro do espírito de participação das decisões que a sociedade civil organizada vem constantemente pedindo mudanças e propondo alternativas para a retomada dos valores de transformação (em defesa da vida) e não de conservação das desigualdades sociais.

Resende ([S.d.]) diz que:

> *Em nosso país, a própria Constituição de 1988, em seu Art. 1º, fornece o suporte de uma "democracia participativa" com o povo exercendo o poder "diretamente". No que se refere à educação, o "pluralismo de ideias e de concepções pedagógicas" e a "gestão democrática do ensino público" (Art. 206) são apresentadas como princípios fundamentais da escola.*

Segundo Gonçalves (1994, p. 49):

> *Na Constituição Estadual do Paraná, o princípio da gestão democrática do ensino público, assegurado pela Constituição Federal de 88, foi ampliado partindo-se da ideia da necessária colegialidade da gestão da escola e pela confirmação do instituto da eleição direta, como forma de escolha dos dirigentes dos estabelecimentos de ensino estaduais.*

Os pressupostos legais são fundamentais para que os princípios democráticos sejam efetivados. No entanto, o fato de existirem apenas formalmente não basta, pois é essencial que, com base neles, os indivíduos se ponham a caminhar em busca de sua realização pessoal.

A respeito dessa realização, destacamos, para as instituições escolares, a ideia do planejamento participativo como ponto de partida que propicie a construção coletiva do projeto educativo que queremos e precisamos para a escola. É necessário que o projeto educativo venha a ser um efetivo espaço no qual, por meio do consenso, possam ser definidos os princípios fundamentais para formação dos cidadãos. Segundo Santos (1999), é importante que tais princípios defendam: "os ideais de universalidade, igualdade e progresso, de modo que a educação possa contribuir para a construção de uma globalização mais humana, em vez de aceitarmos que a globalização perversa, tal como agora se verifica, comprometa o processo de formação das novas gerações".

> É dentro do espírito de participação das decisões que a sociedade civil organizada vem constantemente fazendo pressões e propondo alternativas para a retomada dos valores de transformação (em defesa da vida) e não de conservação das desigualdades sociais.

A escola não pode se desviar de seu verdadeiro papel, o de formar cidadãos, para atender às exigências do mercado, que, da forma que está organizado, quer tão somente que sejam formados os denominados *deficientes cívicos* (Santos, 1999), cuja formação pragmática é voltada apenas para o trabalho, no sentido estrito, deixando de lado a essencial formação para uma vida plena.

De acordo com Resende ([S.d.]):

> *Para se desencadear um projeto coletivo e, portanto democrático é necessário primeiramente democratizar as relações de poder no interior da escola. A partir daí, novas relações poderão ser estabelecidas, rompendo com práticas autoritárias e avançando em direção à redefinição do planejamento que envolve desde o plano global da escola até ações desenvolvidas na sala de aula.*

A comunidade escolar só será chamada a participar efetivamente da gestão a ser desenvolvida na escola se o processo for democrático e não gerencial.

Segundo Veiga e Resende (1998, p. 18):

> *A socialização do poder propicia a prática da participação coletiva, que atenua o individualismo; da reciprocidade, que elimina a exploração; da solidariedade, que supera a opressão; da autonomia, que anula a dependência de órgãos intermediários que elaboram políticas educacionais das quais a escola é mera executadora.*

A descentralização das decisões e a participação da sociedade civil no controle do processo educacional das instituições escolares é a criação de condições para o exercício da democracia de maneira que esse exercício ganhe novas proporções e chegue à esperada democratização da sociedade. Segundo Nunes (1998):

> *A democracia em uma sociedade não pode, portanto, ser apenas um sistema político estatal, ela só pode ser real se os seus princípios se incorporam à lógica da vida cotidiana de indivíduos e grupos sociais em interação na sociedade. A democracia é, portanto, um sistema de vida no qual a organização e a regulamentação dos processos de integração social são fundamentados no princípio da liberdade, entendida como o direito à autodeterminação. É um sistema de vida, um modo cotidiano de efetivação das interações interpessoais que guia e orienta o conjunto das atividades de uma determinada comunidade.*

Na luta pela democratização social, temos de considerar um outro princípio constitucional: a liberdade. Ela está intimamente ligada à ideia de autonomia, pois, ao analisarmos a realidade da grande maioria das escolas públicas, podemos verificar que, para que elas consigam atingir com plenitude a autonomia e a liberdade, ainda há muito a se conquistar.

Podemos apontar com facilidade as dificuldades enfrentadas pelas escolas para a consecução de seus objetivos com um mínimo de qualidade, pois faltam a elas recursos de toda ordem. Afinal, que autonomia é essa? Autonomia para realizar festas, bingos e bazares com o objetivo de arrecadar dinheiro (pequenas quantidades de recursos), que possibilita, na grande maioria das vezes, apenas o pagamento das contas na papelaria ou no mercadinho do bairro?

O esforço despendido para remediar as insuficiências da escola tem competido diretamente com a qualidade do ensino que poderia ser oferecido à população, pois os dirigentes da instituição escolar ou a equipe pedagógica que nela trabalham deixam de lado o objetivo central da escola para se ocuparem de deficiências emergenciais. Essa atitude tem interferido diretamente na discussão qualitativa do papel dos dirigentes pela comunidade escolar, pois, ao ver-se entregue às "tarefas", que não são poucas, no sentido de minimizar as dificuldades enfrentadas pela escola, o coletivo deixa de realizar a reflexão necessária na busca da superação das relações autoritárias que vigem dentro da instituição escolar.

Segundo Paro (1998, p. 107):

> *Diante da atual organização formal da escola pública, podemos constatar o caráter hierárquico da distribuição da autoridade, que visa estabelecer relações verticais, de mando e submissão, em prejuízo de relações horizontais, favoráveis ao envolvimento democrático e participativo.*
>
> *[...] Se é pela verticalidade de minha relação com a natureza, transcendendo-a, que me faço humano, toda vez que renuncio a uma relação de horizontalidade com meu semelhante, dominando-o, nego nele a condição de homem, reduzindo-o a mera natureza.*

Levando em consideração os fatos anteriormente expostos, valemo-nos uma vez mais da ideias de Paro (1998, p. 46):

> *tendo em conta que a participação democrática não se dá espontaneamente, sendo antes um processo histórico de construção coletiva, coloca-se a necessidade de se prever mecanismos institucionais que não apenas viabilizem, mas também incentivem práticas participativas dentro da escola pública. Isso parece tanto mais necessário quanto mais considerarmos nossa sociedade, com tradição de autoritarismo, de poder altamente concentrado e de exclusão da divergência nas discussões e decisões.*

Um grande número de pessoas associa-se a indivíduos cujos interesses imediatos entram em conflito com os diversos grupos atuantes na escola.

Observar as múltiplas expressões desses interesses contraditórios nas relações interpessoais, em reuniões do conselho de escola e com as famílias, no comportamento diante de greve dos professores, no processo de ensino-aprendizagem em sala de aula, enfim, nas múltiplas relações que têm lugar no dia a dia da escola, possibilita uma visão mais clara das relações de poder que existem no seu interior e uma melhor forma de organização e gestão da instituição escolar.

Para que a participação dos diversos segmentos que compõem a gestão da escola seja ampliada, é importante que tais conflitos sejam percebidos pelos gestores. Somente a análise dos reais motivos desses embates permite a efetivação de uma gestão que seja verdadeiramente comprometida com a democratização da escola, condição necessária para a luta por objetivos coletivos de maior alcance, como a efetiva oferta de ensino de boa qualidade para a população.

Para que possamos contribuir com o processo de gestão da escola, é fundamental que, inicialmente, tenhamos consciência das condições concretas, que apontam para a viabilidade de um projeto de democratização das relações no interior da escola.

3.1 A função do diretor na implementação da gestão democrática

A gestão democrática do ensino público, princípio constitucional instituído desde 1988, representa um avanço para a democracia no país, pois aponta a necessidade de democratização das relações de poder e estabelece como fundamento a participação efetiva de todos os segmentos da comunidade escolar por meio do fortalecimento da educação como fator essencial à cidadania.

A comunidade escolar é caracterizada por todos aqueles que trabalham e convivem no espaço da escola: pedagogos, professores, funcionários, estudantes, pais ou responsáveis. O diretor, por sua vez, é a pessoa encarregada de conduzir o grupo a realizar seu trabalho de forma coletiva, incentivando e promovendo ações que possibilitem o diálogo, o respeito às diferenças, e rechaçar todas as manifestações de desigualdade social. Por meio dessas atitudes, são criadas condições propícias ao processo de ensino-aprendizagem.

É preciso que o coletivo de profissionais e a comunidade avaliem se as ações promovidas pelo diretor estimulam o processo de gestão democrática, pois, caso isso não ocorra, a gestão pode se tornar personalizada, fundamentada em iniciativas pessoais, o que caracteriza uma gestão centralizadora. De acordo com Paro (1998, p. 11):

> *O que nós temos hoje é um sistema hierárquico que coloca todo o poder nas mãos do diretor. Não é possível falar das estratégias para se transformar o sistema de autoridade no interior da escola, em direção a uma efetiva participação de seus diversos setores, sem levar em conta a dupla contradição que vive o diretor da escola hoje.*

Conforme esse autor (Paro, 1998), a primeira contradição reside no fato de que, por um lado, o diretor é considerado pelos professores, funcionários e pessoas que participam da rotina da escola como a autoridade máxima, postura que lhe confere grande poder e autonomia. Por outro lado, ele acaba se constituindo, de fato, em virtude de sua condição de responsável pelo cumprimento das diretrizes da secretaria de educação no interior da escola, em mero preposto do Estado.

Ainda de acordo com Paro (1998, p. 11), a segunda contradição seria a de que o diretor, "por um lado, deve deter uma competência técnica e um conhecimento dos princípios e

> É dentro do espírito de participação das decisões que a sociedade civil organizada vem constantemente fazendo pressões e propondo alternativas para a retomada dos valores de transformação (em defesa da vida) e não de conservação das desigualdades sociais.

métodos necessários a uma moderna e adequada gestão dos recursos da escola". No entanto, o problema aqui não diz respeito à gerência dos recursos na escola, pois o que realmente acontece, na prática, é a administração de recursos que são insuficientes, ou seja, o que ocorre é a total "falta de autonomia em relação aos escalões superiores e a precariedade das condições concretas", o que faz com que a qualificação, nesse momento, seja secundarizada.

Segundo Paro (1998, p. 11),

> *Essa impotência e falta de autonomia do diretor sintetizam a impotência e falta de autonomia da própria escola. E se a escola não tem autonomia, se a escola é impotente, é a própria população que fica privada de uma das instâncias por meio das quais ela poderia apropriar-se do saber e da consciência crítica. Significa que conferir autonomia à escola deve consistir em conferir poder e condições concretas para que ela alcance objetivos educacionais articulados com os interesses da maioria da população. E isso não acontecerá jamais por concessão espontânea da classe dominante. Essa autonomia só se dará como conquista dos trabalhadores em educação em ação conjunta com comunidade escolar e com grupos da sociedade civil organizada. Por isso é preciso com elas buscar a reorganização da autoridade no interior da escola.*

É nessa perspectiva que resgatamos a importância de os trabalhadores em educação ampliarem, sempre que possível, a sua inclusão nos diversos espaços de participação existentes, visto que esse ato reflete a busca coletiva pela ampliação efetiva da autonomia da escola, ao mesmo tempo em que cria condições para a melhoria da qualidade do ensino ofertado à população.

Portanto, é preciso que os diretores tenham total clareza da importância da democratização da escola na busca pela superação das relações verticais e autoritárias de poder, pois só assim não estarão "perdendo poder – já que não se pode perder o que não se tem –, mas dividindo responsabilidade. Ao acontecer isso, quem estará ganhando poder é a própria escola" (Paro, 1998, p. 12).

Conforme Paro (1998, p. 10-13): "Colocamos como horizonte a transformação do esquema de autoridade no interior da escola [...]; cada escola deve constituir-se um núcleo de pressão a exigir o atendimento dos direitos das camadas trabalhadoras e defender seus interesses em termos educacionais".

Ainda de acordo com Paro (1998, p. 10):

> *Se queremos uma escola transformadora, precisamos transformar a escola que temos aí. E a transformação desta escola passa necessariamente por sua apropriação pela maioria da população. É nesse sentido que precisam ser transformados o sistema de autoridade e a distribuição do próprio trabalho no interior da escola.*

O conselho escolar é um mecanismo da gestão democrática que precisa ser explorado em sua plenitude, pois é um instrumento que existe e precisa ser aperfeiçoado, principalmente para propiciar a participação da comunidade escolar nas reflexões sobre o trabalho pedagógico desenvolvido pela escola. Tal ampliação, caso seja realizada, caminhará em direção a uma gestão democrática verdadeira, pois estará atrelada efetivamente com os interesses populares na escola. Nessa perspectiva, segundo Paro (1998, p. 12), "a escola só poderá desempenhar um papel transformador se estiver junto com os interessados". Em consequência, se a escola, principalmente a pública, estiver comprometida com a comunidade que representa, e buscar realmente organizar-se para atender aos interesses desta, ela estará também colaborando para a transformação da realidade que vivemos, pois estará comprometida com a busca de melhoria das condições de vida da maioria da população.

Essas reflexões sobre a gestão da escola pública no atual contexto político-econômico-social, permeado pelos princípios neoliberais, reforçam a ideia de que, no fundo, o que está em jogo são duas formas opostas de se entender e se posicionar ante a realidade em que vivemos, optando pela transformação ou pela manutenção das relações sociais estabelecidas. Nem sempre temos a clareza de que nossas ações caminham para um desses lados.

Portanto, cabe aos educadores comprometidos com a escola pública de qualidade explicitar a importância do fortalecimento da organização coletiva da escola, por meio de discussões e reflexões que permeiem a construção de um projeto político-pedagógico (PPP), proponham ações concretas e garantam a efetivação de uma gestão verdadeiramente democrática da escola pública.

Para tanto, propomos algumas ações essenciais a serem desenvolvidas pelo diretor ou pela equipe pedagógica de uma escola, em busca de uma gestão verdadeiramente participativa e democrática:

- Respeitar os vários órgãos de representação da escola, buscando um contato sério com todos eles, assim como permitir que tenham autonomia para encaminhar suas questões.
- Comprometer-se realmente com o projeto coletivo, evitando, assim, a efetivação de projetos que representem interesses individuais.
- Trabalhar de forma coletiva, procurando democratizar as decisões e descentralizar as responsabilidades, as quais precisam ser tomadas e assumidas pela coletividade que compõe a escola, buscando, dessa forma, despersonalizar o poder.
- Vincular a gestão àqueles que ela representa: pais, professores, pedagogos, servidores e alunos. Portanto, não cabe ao diretor ser um mero representante da mantenedora na escola, mas sim um representante da comunidade escolar que o elegeu perante a mantenedora.
- Garantir o direito ao debate como elemento fundamental da qualidade de ensino, assim como de construção e avanço das questões essenciais do dia a dia da escola. Uma instituição que tem medo do debate aberto, franco e democrático não pode se denominar *escola*. Os educadores que não

> Segundo Paro (1998, p. 12), "a escola só poderá desempenhar um papel transformador se estiver junto com os interessados".

conseguem ver a riqueza do momento do debate não são educadores, pois já não acreditam na evolução e no avanço por meio do embate de ideias; tornaram-se simples e meros repassadores de conteúdos, sem a clareza destes na construção de uma escola melhor e de um mundo novo.

- Promover o entendimento de que a manutenção das eleições para diretores é um dos princípios fundamentais da gestão democrática por garantir a ampla participação e a democracia na vida escolar, além de contribuir para a construção da cidadania plena.
- Desvincular a avaliação de desempenho de qualquer forma de opressão.
- Criar espaços e eventos significativos de participação da sociedade na gestão escolar, como: sindicatos, congressos, seminários, fóruns, cursos, assessoramentos e cursos de graduação e pós-graduação, sendo todos vinculados à educação.
- Respeitar o regimento escolar como lei maior da escola, observando todos os seus aspectos e promovendo seu conhecimento amplo por todos os membros da comunidade escolar, garantindo assim o seu aprimoramento.
- Respeitar e garantir a participação do colegiado e da comunidade escolar na elaboração do PPP e do regimento escolar como instrumentos que garantam a gestão colegiada.
- Viabilizar a participação efetiva em todos os mecanismos de gestão democrática instituídos, caracterizando, assim, o incentivo e a viabilidade das discussões democráticas,

particularmente no conselho escolar (iniciativa específica do diretor).

Gostaríamos de deixar claro que não é possível fiar-se tão somente na boa vontade do diretor da escola para que o ambiente democrático se instale em todas as instâncias de participação da instituição. Tal tarefa compete a todos os envolvidos no processo.

Temos também a certeza de que o trabalho coletivo terá inúmeros entraves se o diretor não estiver disposto a trabalhar coletivamente. Portanto, cabe aos profissionais da escola compreender que o diretor deve disponibilizar, possibilitar e incentivar o debate coletivo e, fundamentalmente, implementar as decisões tomadas coletivamente.

3.2 Os mecanismos de gestão democrática

O pedagogo é o profissional da educação que tem por função primordial a organização e a coordenação de todo o trabalho pedagógico desenvolvido pela escola. Para que essa ação tenha possibilidade de sucesso, esse profissional deve ter sempre como elemento norteador o PPP, que é discutido e elaborado coletivamente por todos aqueles que trabalham na escola.

Para podermos realizar uma reflexão mais contundente sobre o trabalho do pedagogo, precisamos resgatar alguns elementos fundamentais para o trabalho pedagógico, como a legislação, a natureza e a especificidade do trabalho pedagógico e a gestão democrática, os quais foram apresentados nos dois capítulos anteriores.

No primeiro capítulo da obra, ressaltamos a importância de compreendermos a instituição escolar inserida em um determinado contexto social; em seguida, ponderamos sobre a necessidade de entendermos a natureza e a especificidade da educação; tratamos de elementos centrais da legislação educacional e demonstramos, por dados estatísticos, qual é a realidade da oferta e da qualidade do ensino oferecido no país. Na sequência, afirmamos que a gestão da escola deve ser de fato democrática e que tal meta não será alcançada se não houver a participação dos pais na administração das instituições escolares; por fim, enfatizamos a necessidade da compreensão do papel do diretor na efetivação dos mecanismos de gestão democrática.

Portanto, nos dois primeiros capítulos, ressaltamos a importância da ação do pedagogo e, com base nessa compreensão, procuraremos enfatizar a função desse profissional na implementação e efetivação dos mecanismos de gestão democrática na escola. Primeiramente, é preciso salientar que ao pedagogo não cabe definir ações diferentes daquelas que são decididas coletivamente no processo de elaboração do PPP, mas sim refletir e propor iniciativas e encaminhamentos que visem à efetivação de tais propostas.

Assim, o PPP torna-se um documento vivo, pois é com base nele que os profissionais que trabalham na escola conseguem analisar, refletir e avaliar todos os processos pedagógicos

> Sendo assim, o PPP torna-se um documento vivo, e é a partir dele que os profissionais que trabalham na escola conseguem analisar, refletir e avaliar todos os processos pedagógicos da organização escolar, com o objetivo explícito de oferecer educação de qualidade à população.

da organização escolar, com o objetivo explícito de oferecer educação de qualidade à população.

Tendo os fundamentos referentes ao trabalho do pedagogo devidamente resgatados, vamos, a partir deste ponto do texto, refletir sobre alguns dos principais mecanismos de gestão democrática instituídos na escola, principalmente na pública. Ao mesmo tempo, vamos apontar como função principal do pedagogo a organização e a coordenação de todo o trabalho pedagógico desenvolvido pela escola, que deve ser direcionado para a concretização dos objetivos propostos no PPP.

Para que esse empreendimento se efetive, cabe ao pedagogo, principalmente, subsidiar teórica e metodologicamente todas as reflexões pedagógicas relacionadas aos mecanismos de gestão democrática, correlacionando-as com os objetivos e as metas traçados no PPP. Essa não é uma tarefa simples de ser realizada; pelo contrário, exige muito esforço e requer muita colaboração de todos os profissionais e da comunidade para que os resultados sejam positivos. Assim, ao final de cada reunião (trabalhos coletivos), são tomadas as melhores definições em busca de oferecer uma educação com cada vez mais qualidade.

> O pedagogo é o profissional da educação que tem por função primordial a organização e a coordenação de todo o trabalho pedagógico desenvolvido pela escola. Para que essa ação tenha possibilidade de sucesso, esse profissional deve ter sempre como elemento norteador o PPP, documento discutido e elaborado coletivamente por todos aqueles que trabalham na escola.

No entanto, para além da tarefa de subsidiar teórica e metodologicamente as reflexões pedagógicas, é importante que os pedagogos incentivem e coordenem a participação de todos

> Cabe, neste ponto do texto, enfatizarmos a importância da permanência concentrada (hora-atividade) como espaço que possibilita o fortalecimento do processo de discussão sobre a organização curricular e a gestão democrática.

os profissionais nos mecanismos de gestão democrática oferecidos na escola, tomando por base as reflexões que faremos sobre cada um deles.

Gostaríamos de ressaltar que os elementos norteadores da ação do pedagogo que propomos para os mecanismos de gestão que descrevemos a seguir não se esgotam em si, visto que eles abrem um novo leque de possibilidades. Porém, caso eles sejam efetivados nessa direção, daremos um grande passo para que as relações na escola efetivamente se democratizem, o que certamente trará benefícios à prática pedagógica.

Cabe, neste ponto do texto, enfatizarmos a importância da permanência concentrada (hora-atividade*) como espaço que possibilita o fortalecimento do processo de discussão sobre a organização curricular e a gestão democrática. Tal espaço não deve estar sujeito a nenhuma espécie de barganha realizada entre os professores e a direção, área responsável, em última instância, por todas as decisões tomadas na escola, sejam elas referentes aos aspectos pedagógicos ou administrativos.

A permanência concentrada (hora-atividade), na maioria dos estabelecimentos de ensino, apresenta-se como espaço de aperfeiçoamento profissional realizado por meio de atividades de leitura e da participação dos docentes em cursos ofertados pelas secretarias de educação. A hora-atividade também é reservada ao diálogo entre os professores e a equipe pedagógica, à organização das atividades a serem realizadas pelos alunos, à correção de atividades, entre outras tarefas. Se de

---

* Hora-atividade: tempo reservado para estudos, planejamento, avaliação do trabalho didático, reuniões, articulação com a comunidade e outras atividades de caráter pedagógico.

fato esse espaço assim estiver sendo organizado, já estará cumprindo bem a função para a qual foi projetado.

O que buscamos, no entanto, é caracterizar esse espaço como sendo um momento privilegiado de formação continuada dos professores, bem como de reflexão coletiva sobre as ações desenvolvidas na escola, para que o PPP seja implementado, caso seja necessário. Isso faz com que tal documento não seja algo que é idealizado para ficar guardado em uma gaveta, e sim um documento vivo que de fato orienta as ações de todos que trabalham na escola.

Tal ressignificação da permanência concentrada dá aos profissionais da educação condições objetivas de acompanhar o desenvolvimento do trabalho da escola e articular ações que apresentem possibilidades reais de intervenção no processo de aquisição do conhecimento, superando, assim, a forma como ela vem sendo organizada na maioria das escolas e transformando-a em um momento fundamental de diálogo efetivo entre todos os profissionais da educação em busca de atender à população que frequenta a escola com a maior qualidade possível.

3.2.1 O conselho escolar

pense a respeito! Afinal de contas, o que faz o conselho escolar?

O conselho escolar é um mecanismo de gestão democrática, um órgão colegiado composto de forma paritária por todos os segmentos dos trabalhadores da escola, bem como pais e alunos, com o objetivo explícito de promover o desenvolvimento da educação e garantir que, na educação pública, principalmente, a maioria das pessoas envolvidas na escola tenham papel efetivo nas decisões dos rumos e do futuro dessa importante instituição.

O conselho escolar discute, delibera, normatiza, aconselha e fiscaliza as ações da escola, sempre tendo como horizonte o PPP e o regimento interno da escola. Para tanto, cabe aos conselheiros conhecer muito bem esses documentos, pois eles são os balizadores das reflexões realizadas no âmbito do referido órgão.

Portanto, podemos dizer que todas as demais funções dos conselheiros são também derivadas desses documentos. A seguir, destacamos algumas delas:

- Participar efetivamente de todas as reflexões e discussões que buscam a melhoria da qualidade do ensino.
- Elaborar e acompanhar ações pedagógicas e administrativas.
- Constituir comissões especiais para estudos e aprofundamentos, principalmente no que diz respeito ao desenvolvimento do processo de ensino-aprendizagem.
- Definir as prioridades que devem ser observadas na aplicação dos recursos financeiros destinados à escola.
- Analisar todos os recursos que forem impetrados na escola.
- Aprovar o plano de ação da escola.

É necessário que o conselho escolar seja pensado e organizado nessa perspectiva, de tal forma que as condições para o funcionamento do orgão de fato existam. Não basta constituir o conselho como uma necessidade legal ou uma exigência formal; é preciso entendê-lo como um mecanismo fundamental para a gestão democrática a qual permite que a escola e sua equipe pedagógica reflitam sobre seu trabalho e desempenho.

Por isso, o conselho escolar consiste em um órgão importantíssimo para a efetivação de uma gestão democrática verdadeiramente comprometida com a melhoria da qualidade do ensino, com os interesses dos profissionais da educação e com a população que frequenta a escola, o que pressupõe que esse mecanismo precisa ser explorado ao máximo.

É nesse sentido que caberia, como afirma Paro (1998, p. 13), a "cada escola constituir-se em um núcleo de pressão a exigir o atendimento dos direitos das camadas trabalhadoras e defender seus interesses em termos educacionais".

Para que essa transformação ocorra, são necessárias condições que permitam o funcionamento eficaz do conselho escolar, a fim de que os conselheiros participem das reuniões do colegiado e decidam a pauta que deve ser discutida, pois, ao contrário, o conselho estará sendo apenas um mecanismo legitimador de decisões previamente tomadas.

No entanto, há um problema que intervém no plano funcionamento do conselho escolar. De acordo com Paro (1998, p. 16), "Aceitando-se que a gestão democrática deve implicar necessariamente a participação da comunidade, parece faltar ainda uma maior precisão do conceito de participação".

Ainda segundo Paro (1998, p. 16):

A maior evidência da imprescindibilidade da participação popular nas instâncias onde se dá o oferecimento de serviços pelo Estado parece estar na constatação da fragilidade da nossa democracia liberal, que, restringindo a participação da grande maioria da população ao momento do voto, priva-a de processos que, durante os quatro ou cinco anos de mandato, permitiriam controlar as ações dos governantes no sentido de atender aos interesses das camadas populares.

Nesse sentido, podemos afirmar que a participação da comunidade seria fundamental, porém, há uma percepção negativa quanto à sua participação: ela não ocorre pelo simples fato de não haver interesse da população. No entanto, a escola, primeiramente, precisa refletir se está de fato estimulando a participação da sua comunidade, além de observar se tem um escasso conhecimento a respeito dos reais interesses e aspirações da comunidade.

> É nesse sentido que caberia, como diz Paro (1998, p. 13), a "cada escola constituir-se em um núcleo de pressão a exigir o atendimento dos direitos das camadas trabalhadoras e defender seus interesses em termos educacionais".

Participação propriamente dita é a partilha do poder, a possibilidade de participação nas tomadas de decisão. É nesse sentido que a escola deve aprimorar sua ação, e, para que isso ocorra, algumas iniciativas são fundamentais, como: incentivar a criação de espaços coletivos de diálogo permanente sobre os rumos da escola e estimular a participação efetiva de todos os envolvidos nas discussões organizadas. Segundo Paro (1998, p. 27):

> *Praticamente inexiste qualquer identidade da escola pública com os problemas da sua comunidade. [...]*

A falta dessa aproximação, dessa postura de ouvir o outro, parece explicar em parte o fracasso de iniciativas paternalistas de gestão colegiada e de participação que, por mais bem intencionadas que sejam, procuram agir em nome da comunidade, sem antes ouvir as pessoas e os grupos pretensamente favorecidos com o processo e sem dar-lhes acesso ao questionamento da própria forma de participação.

As características anteriormente citadas deixam expressas as marcas do autoritarismo ainda presentes em nossa realidade. Para que esse condicionante seja superado, todos os profissionais da educação e demais cidadãos envolvidos na gestão da escola devem empregar um esforço conjunto, pois, se esses indivíduos se fiarem na ação magnânima deste ou daquele diretor, o autoritarismo continuará a exercer sua influência negativa sobre o cotidiano da instituição escolar.

Conforme Paro (1998, p. 27): "A luta pela participação coletiva e pela superação dos condicionantes deve compor um só processo, de modo que avanços em um dos campos levem a avanços no outro, de forma contínua e interdependente".

Participação efetiva é a partilha do poder, a possibilidade de participação nas tomadas de decisão. É nesse sentido que a escola deve aprimorar sua ação, e, para que isso ocorra, algumas iniciativas são fundamentais, como: incentivar a criação de espaços coletivos de diálogo permanente sobre os rumos da escola e estimular a participação efetiva de todos os envolvidos nas discussões organizadas.

Organização e funcionamento do conselho escolar

A organização do conselho escolar tem início pela definição daqueles que farão parte da sua composição. Essa determinação deve ser feita pela própria escola, que pode estabelecer o número de integrantes que julgar adequado à consolidação desse órgão de decisão. No entanto, é importante destacarmos que a composição do conselho deve ser organizada de forma paritária, ou seja, entre os diversos segmentos da comunidade escolar. Caso isso não seja possível, a composição do conselho deve ser constuída por: a) profissionais que trabalham na escola (professores e funcionários); e b) comunidade escolar (pais e alunos).

> Conforme Paro (1998, p. 27), "A luta pela participação coletiva e pela superação dos condicionantes deve compor um só processo, de modo que avanços em um dos campos levem a avanços no outro, de forma contínua e interdependente".

Como a composição ocorre por segmentos, isso nos leva a pensar um pouco sobre representatividade. É necessário destacarmos aqui que aquele que representa um determinado segmento traduz a vontade coletiva desse grupo, discutida exaustivamente pelos seus representantes, e não a posição individual desses indivíduos sobre o que foi discutido coletivamente.

É importante destacarmos que o conselheiro não tem condições de representar alguém que nem ao menos o consultou, ou que apenas o fez informalmente. É preciso reunir os seus representados para discutir qualitativamente a pauta e, só então, ao ser indagado sobre a posição do segmento, apresentar suas definições com argumentos bem definidos, que poderão, em outro momento, ser expostos aos demais conselheiros.

Como as discussões do conselho não são baseadas na vontade individual de seus participantes, cada conselheiro deve ter em mente que ele representa a vontade dos pares que o elegeram em seu segmento. Por isso, é preciso que cada conselheiro tenha um canal aberto de comunicação com os seus representados, tanto para discutir previamente as pautas quanto para manter os seus representados cientes das decisões do conselho.

Dessa forma, um dos papéis centrais do conselheiro é o de interceder junto à direção da escola para que de fato os espaços de discussão coletiva sejam disponibilizados. Assim, é necessário acompanhar se o conselheiro está se esforçando para que tais espaços sejam viabilizados.

O fundamental ao segmento é observar se, após as reuniões, as suas definições estão sendo defendidas pelo conselheiro e se há o retorno do que aconteceu nelas. Pois, caso algum desses elementos esteja falho, é preciso que tal situação seja debatida pelo segmento na tentativa de qualificar a participação; caso esse problema ainda persista, o segmento reunido pode voltar a debater a situação e, por fim, pode até optar por substituir o seu representante.

Tais medidas parecem extremas em se tratando do convívio diário entre os profissionais que trabalham na escola, mas, ao mesmo tempo, essas iniciativas são fundamentais para qualificar o exercício da democracia. É necessário lembrar que não estamos "brincando" de fazer democracia, e sim que estamos aprendendo, juntos, a participar mais ativamente das definições coletivas da escola, o que deveria

> É necessário destacarmos aqui que aquele que representa um determinado segmento representa a vontade coletiva desse grupo, discutida exaustivamente pelos seus representantes, e não a posição individual desses indivíduos sobre o que foi discutido coletivamente.

ser um ato "natural", se pensarmos de fato que a gestão é democrática.

> É preciso lembrar que não estamos "brincando" de fazer democracia, é sim que estamos aprendendo, juntos, a participar mais ativamente das definições coletivas da escola, o que deveria ser um ato "natural", se pensarmos de fato que a gestão é democrática.

Se nos contentamos apenas em mostrar à sociedade que a gestão democrática está sendo efetivada na escola por meio da constituição formal de alguns mecanismos de gestão e que, mesmo assim, para que tal intento seja alcançado, ainda sejamos obrigados a sair "catando" professores, pais e alunos, quase que obrigando-os a emprestar seus nomes para que tais mecanismos possam ser constituídos apenas no papel e cumprir determinações legais que a secretaria de educação impõe, fica a seguinte pergunta em aberto:

pense a respeito! Qual é, de fato, o papel formador e viabilizador da participação que a instituição escolar está realizando em sua comunidade?

Para que o conselho escolar funcione efetivamente, é preciso, além da elaboração formal do estatuto que o regulamenta, prever os meios para a efetivação desse documento, que deve conter as definições dos direitos e deveres dos conselheiros, a forma de convocação de reuniões e a sua periodicidade, as formas de tomada de decisão, entre outros pontos. **A quem cabe a organização desse documento?** Sem dúvida alguma, aos próprios conselheiros, pois são eles que de fato têm a possibilidade de determinar quais os melhores momentos e os espaços para discutir efetivamente todas as demandas da escola.

Isso quer dizer que o estatuto precisa ser elaborado novamente a cada processo de eleição de novos conselheiros? Não necessariamente. No entanto, cabe aos novos conselheiros, logo na primeira reunião, organizar a leitura coletiva do estatuto para verificar se são ou não necessárias modificações.

As reuniões do conselho escolar
Todas as reuniões do conselho escolar devem primar pelo seguinte princípio da gestão democrática: devem estar sempre abertas à participação de todos que assim desejarem. Todos os envolvidos na gestão da escola (professores, pedagogos, pais, alunos, funcionários), e não apenas os conselheiros, podem participar das discussões. No entanto, não basta permitir a participação formal em seu estatuto.

É preciso, para tanto, divulgar as datas das reuniões com bastante antecedência, de preferência de uma reunião para a outra, e organizá-la em espaço amplo que realmente permita a participação de quem desejar.

Mas como se dá a participação, tanto dos conselheiros quanto das demais pessoas que estão presentes na reunião? Os conselheiros iniciam a reunião apresentando a vontade coletiva de seus pares em relação à pauta; a partir deste momento, as demais pessoas que desejam falar sobre o assunto se inscrevem e têm um determinado tempo de discurso, conforme previsto no estatuto.

Após as falas de todas as pessoas (conselheiros e demais participantes), os conselheiros buscam o consenso possível entre as posições adotadas pelos diversos segmentos, sempre levando em consideração os argumentos apresentados por todos durante a reunião. Caso não seja possível o consenso, os conselheiros definem o que será realizado por meio de votação. Nesse momento, somente eles podem se manifestar. Por quê?

Porque eles foram eleitos para representar a vontade dos seus segmentos. No entanto, existe uma reunião em que todas as pessoas da escola podem, além de se expressar, também votar, ou seja, definir o que será executado: a chamada *assembleia da comunidade escolar*.

A tarefa do conselheiro nos momentos das definições nas reuniões do conselho escolar é buscar todos os argumentos possíveis na tentativa de garantir que a vontade do seu segmento prevaleça. É evidente que estamos imaginando que cada um dos segmentos tem, por meio das suas definições, a intencionalidade comum de oferecer a melhor qualidade de ensino possível.

Direitos e deveres do conselheiro

O conselho escolar tem por objetivo discutir, deliberar, normatizar, aconselhar e fiscalizar as ações da escola, ou seja, seu funcionamento tem características diferenciadas da maioria dos conselhos instituídos, que apenas acompanham e fiscalizam as ações.

Esse ente colegiado também objetiva realizar o controle social, acompanhando a execução de suas definições, principalmente por parte da direção da escola, a responsável legal pela implementação das definições coletivas desse mecanismo de gestão democrática.

Para realizar tais funções, é preciso, além da vontade, do gosto por aprender, ler e refletir constantemente sobre questões educacionais, sem falar, é claro, da necessidade de os envolvidos no conselho escolar disporem de uma parte de seu tempo pessoal. É um pequeno sacrifício, se levarmos em conta a relevância social de tal função, que, se bem realizada, com certeza traz efetivos benefícios à educação da sua comunidade e do país.

Pensando nas condições objetivas do funcionamento do conselho e da necessidade de as pessoas abrirem mão de seu tempo livre em determinados momentos, afirmamos ser necessária a rotatividade do quadro de conselheiros, pois é fundamental que todos os profissionais que trabalham na escola passem por essa experiência.

Como tais objetivos não podem ser alcançados sem planejamento ou direcionamento, os conselheiros devem seguir orientações legais e cumprir o estatuto do conselho, tanto no que diz respeito aos deveres – representar a opinião do seu segmento e organizá-lo, além de acatar a vontade da maioria e cumprir as decisões do conselho –, quanto no que se refere à observância dos seus direitos, como participar das reuniões, manifestar suas opiniões e tê-las respeitadas, votar e solicitar que o conselho discuta sobre determinado assunto.

> O conselho escolar tem por objetivo discutir, deliberar, normatizar, aconselhar e fiscalizar as ações da escola, ou seja, seu funcionamento tem características diferenciadas da maioria dos conselhos instituídos, que apenas acompanham e fiscalizam as ações.

Ações para dinamização do conselho escolar

Para que seja possível a dinamização do conselho escolar, algumas ações fundamentais precisam ser realizadas pelo conjunto dos conselheiros eleitos, a saber:

- respeitar, incentivar e garantir a participação de terceiros, com direito a voz e voto no conselho escolar dos membros eleitos;
- incentivar os conselheiros do segmento dos pais a se organizarem com seus pares, para que possam interceder corretamente por seus representados (com um dia de antecedência ou, no mínimo, uma hora antes das reuniões);
- respeitar, incentivar e garantir a participação no conselho escolar, com direito a voz de todos aqueles que trabalham, estudam, possuem filhos ou são responsáveis por alunos da escola ou fazem parte de movimentos organizados na região em que ela está inserida;
- assegurar que os conselheiros tenham acesso à pauta de reuniões do conselho com antecedência (de preferência, é adequado que a pauta seja estabelecida ao final de cada reunião, para que os representantes possam conversar com seus pares, garantindo, assim, que intercedam qualificadamente por seu segmento);
- respaldar a saída de qualquer professor, funcionário ou aluno da escola que queira participar das reuniões do conselho;

- garantir que as deliberações do conselho escolar sejam organizadas, acompanhadas e executadas pelo diretor e pelos pedagogos, professores e funcionários da escola.

Essas ações precisam ser efetivadas por todos os conselheiros eleitos e são fundamentais para que seja possível a dinamização do conselho escolar. No entanto, é preciso tempo e paciência para que cada conselheiro aprenda como funciona efetivamente a dinâmica do conselho, visto que a maioria é eleita e passa a exercer a função pela primeira vez.

Alguns cuidados para fortalecer a atuação dos conselheiros
Com o objetivo de fortalecer a atuação dos conselheiros nas reuniões do conselho, alguns cuidados são necessários para que se evitem problemas desnecessários, os quais passaremos a descrever a seguir.

Primeiramente, trataremos do caso de pauta que é definida com antecedência e aprovada na reunião anterior: tal situação só não é válida para a primeira reunião do conselho ou para o caso da necessidade de convocação de uma reunião de emergência; mas, mesmo para as reuniões de emergência, é preciso respeitar o prazo mínimo de 72 horas, pois ele dá ao conselheiro a possibilidade de realizar reunião de emergência com seu segmento, ou, na impossibilidade disso acontecer, pelo menos consultar, senão a todos, à grande maioria das pessoas que fazem parte do seu segmento.

Outra questão se refere à qualidade das informações disponibilizadas aos conselheiros. As informações precisam ser claras para todos, pois é com base nelas que ocorrem as reflexões. Caso ocorram omissões ou sonegação de informações de qualquer natureza, as pessoas poderão ser levadas a tomar decisões que talvez não condigam com a realidade e que, consequentemente, podem não ser as melhores.

É necessário que as reuniões do conselho escolar sejam permeadas pelo diálogo aberto e franco e por um clima de respeito mútuo, em que todas as ideias sejam consideradas e debatidas com base no interesse coletivo e no objetivo de oferecer educação de qualidade.

Também é fundamental que as pessoas tenham disciplina para que as reuniões sejam bem organizadas, ou seja, é importante que sigam o que determina o estatuto do conselho, pois, para que seja possível dar voz a todos àqueles que dela querem fazer uso, é necessário que cada conselheiro seja claro e objetivo na mensagem que deseja passar aos demais.

Caso as normas para o exercício da fala não sejam respeitadas e as pessoas falem ao mesmo tempo, muito provavelmente vozes poderão ser silenciadas e, certamente, as reuniões não serão tão produtivas e os assuntos não serão todos debatidos por falta de tempo. Além disso, tal procedimento irá aos poucos espantar as pessoas que desejam participar das reuniões.

Muitas vezes, porém, apesar de todos os cuidados e de toda a dedicação e participação dos conselheiros, a democracia demora a apresentar os resultados. Por isso, é muito importante ter paciência, mas, mais do que isso, trabalhar exaustivamente para o fortalecimento e a qualificação da atuação dos conselheiros, pois, com certeza, os resultados aparecerão ao longo da caminhada.

3.2.2 O conselho de classe

O conselho de classe é um órgão colegiado cujo papel fundamental consiste em atuar como instrumento adequado de dinamização do processo avaliativo das ações da escola por meio de múltiplas análises de seus participantes. Estas devem possibilitar, além do acompanhamento e aprimoramento do processo de ensino-aprendizagem, a viabilidade da estruturação do trabalho pedagógico na prática coletiva que vivencia um projeto educacional único e solidário.

Segundo Garcia (1991, p. 51):

> *A avaliação só tem sentido se tiver como ponto de partida e ponto de chegada o processo pedagógico para que, identificadas as causas do sucesso ou do fracasso, sejam estabelecidas estratégias de enfrentamento da situação; não deve servir, como em geral se faz, para penalizar a vítima. Deve ser um processo permanente que, à luz de uma teoria do conhecimento, possibilite acompanhar e interferir no processo, à medida que penetre em sua complexidade. Avaliação que, por se colocar a favor da aprendizagem do aluno, adeque o currículo a cada momento da aprendizagem do aluno, tornando-se um processo de investigação, de pesquisa, que vise a transformações, perdendo a conotação de mensuração, de julgamento, que leva às classificações.*

Nessa perspectiva, o conselho de classe deve superar análises centralizadas na pessoa do aluno, que recaem quase sempre sobre a falta de interesse do estudante pela matéria dada e pelas brincadeiras feitas em sala, e não sobre presença às aulas, falta de estudo, conversas, falta de atenção, entre outros aspectos socioeconômicos e afetivos que interferem no rendimento do dicente.

Todos temos clareza de que esses aspectos se inter-relacionam e interferem direta ou indiretamente no processo de ensino. Porém, não podem ser analisados isoladamente, sem que se compreenda o contexto em que o aluno está inserido.

A característica central do processo avaliativo está na necessidade de análise contínua dos avanços e das dificuldades encontradas por professores e alunos em relação ao processo de ensino-aprendizagem. É com base nessa avaliação contínua que a qualificação do processo de intervenção pedagógica se torna possível.

Por meio dessa iniciativa, criamos os meios para que seja possível a escola cumprir sua função social e política, que entendemos ser a formação do cidadão participativo, responsável, crítico e criativo, que se efetiva na conjugação do compromisso, da liberdade e da corresponsabilidade relacionados à qualidade do processo de ensino-aprendizagem.

Nessa perspectiva, o conselho de classe deve possibilitar uma análise crítica do conjunto das práticas educativas da escola. Para tanto, o papel do diretor e o do pedagogo são fundamentais, pois, na maioria das vezes, cabe ao diretor a condução do conselho e ao pedagogo a função de subsidiar teoricamente as reflexões que estão sendo encaminhadas.

Para esclarecermos o que foi dito anteriormente, é necessário destacarmos que o papel de presidência do conselho de classe, na grande maioria das escolas, é função do diretor, e tal papel não deve ser repassado ao pedagogo quando o primeiro puder exercê-lo. Essa medida só deve ser tomada caso o diretor tenha de se ausentar da escola por um motivo que fuja do seu controle.

Ao enfatizarmos a necessidade de o diretor cumprir a função de presidência do conselho, estamos afirmando e valorizando, dessa forma, a função central do seu trabalho, que é a de acompanhar o processo de ensino-aprendizagem. Ao mesmo tempo, afirmamos que as funções administrativas não devem se sobrepor às pedagógicas, mas sim estar a serviço delas.

A natureza da função do diretor de escola "exige a capacidade de saber ouvir, alinhavar ideias, questionar, interferir, traduzir posições e sintetizar uma prática de ação com o propósito de coordenar efetivamente o processo educativo" (Prais, 1990, p. 86), habilidades que permitem a esse profissional consolidar a unidade estrutural da organização dos processos pedagógicos e administrativos da escola.

> A característica central do processo avaliativo está na necessidade de análise contínua dos avanços e das dificuldades encontradas por professores e alunos, em relação ao processo de ensino-aprendizagem. É com base nessa avaliação contínua que a qualificação do processo de intervenção pedagógica se torna possível.

O fortalecimento da presença e da participação do diretor no conselho de classe e no acompanhamento do processo pedagógico possibilita ao pedagogo realizar sua função, pois, caso a participação do primeiro não ocorra, o segundo acumula funções. Além de coordenar as atividades desenvolvidas no conselho de classe, o profissional da área pedagógica terá também de presidi-lo; essa função requer definições que exigem a presença do diretor, por mais que o processo esteja baseado em decisões coletivas.

O trabalho do pedagogo no conselho de classe exige a organização e a coordenação como funções unitárias da prática educativa, articulando a ação de todos os professores. Esse trabalho tem o objetivo de combater a seletividade, a discriminação, a desqualificação e a fragmentação do processo de trabalho, por meio de atendimento individual ou coletivo às necessidades e dificuldades enfrentadas pelo docente no que se refere às demandas do currículo e da didática (concepção, objetivos, avaliação, conteúdos e métodos) e à política de qualificação desse profissional no interior da escola.

Para que a dinâmica do conselho de classe caminhe na direção de efetivar uma gestão democrática e comprometida com a qualidade do ensino oferecido à população, é necessário que as relações de trabalho de todos os profissionais e a valorização de suas iniciativas sejam fortalecidas. Além disso, também é necessário propiciar situações de efetivo exercício democrático e eliminar práticas corporativas, autoritárias, centralizadas, competitivas, burocráticas e legalistas, em favor da construção de um processo permanente de transformação da prática social.

As características do trabalho do pedagogo descritas anteriormente exigem muito da atuação desse profissional. Caso essas especificidades sejam sobrecarregadas pela função de presidência do conselho, algumas dificuldades se somarão ao processo. Além disso, o conselho não contará com o diretor, o qual foi eleito para realizar esse trabalho na escola. Essa ausência trará dificuldades para que esse profissional compreenda a dinâmica do processo de ensino-aprendizagem.

Nesse sentido, o conselho de classe, como espaço de prática democrática e coletiva, privilegia, além da avaliação do processo de ensino-aprendizagem, a possibilidade de intervenção efetiva na organização da escola como totalidade concreta e histórica, redirecionando o próprio PPP da instituição.

Essa função de conselho de classe exige pensamento crítico e maturidade intelectual e profissional transformadora. Além disso, enfatizamos a importância de o conselho escolar ser conduzido por meio de pelo menos três etapas distintas:

1. **Pré-conselho**: tem a finalidade de analisar de forma rigorosa e detalhada os problemas relacionados ao processo de ensino-aprendizagem de cada turma e aluno.
2. **Conselho de classe**: espaço específico destinado à sensibilização da consciência profissional para a exposição dos principais problemas apresentados no pré-conselho, sejam eles coletivos ou individuais. Depois de ser devidamente exposto, o problema deve passar por uma análise teórico-prática, que, caso seja necessário, será complementada pelo estudo de textos que possibilitem um melhor entendimento do problema apontado. Se alguma demanda é diagnosticada, são propostos os encaminhamentos que visem à melhoria do processo de ensino-aprendizagem. Nesse contexto, cabe também a definição de que é necessário um aprofundamento teórico sobre a questão, sessões de estudos e palestras, com o objetivo de fortalecer o entendimento de todos sobre o assunto, o qual deverá ser debatido novamente em momento oportuno.

3. **Pós-conselho**: é o momento destinado ao acompanhamento dos encaminhamentos propostos no conselho de classe e à qualificação das ações desenvolvidas. Novos encaminhamentos também são traçados nesse momento, derivados do aprofundamento teórico realizado após o conselho de classe, agora com maior possibilidade de intervenção de todos os envolvidos no processo educativo.

Se os procedimentos citados forem respeitados, a nova dinâmica do conselho de classe trará consigo possibilidades reais de transformação da prática pedagógica escolar na busca da realização dos propósitos do PPP.

3.2.3 Os grêmios como forma de organização estudantil

O grêmio estudantil é um mecanismo de gestão democrática constituído para organizar e representar a vontade dos estudantes em relação às ações que são desenvolvidas na escola. Tal espaço deve ter como finalidade a promoção efetiva de ações que visem à melhoria da vida escolar dos alunos.

Segundo a Lei nº 7.398, de 4 de novembro de 1985 (Brasil, 1985):

> *Art. 1º – Aos estudantes dos estabelecimentos de ensino de primeiro e segundo graus fica assegurada a organização de grêmios estudantis como atividades autônomas representativas dos interesses dos estudantes secundaristas com finalidades educativas, culturais, cívicas, desportivas, sociais.*
>
> *[...]*

A Lei nº 7.398/1985 estabelece que o grêmio estudantil é uma instituição que deve ter sua autonomia respeitada para que possa cumprir a sua finalidade de representar os estudantes. Apesar disso, até hoje os alunos continuam enfrentando dificuldades para efetivá-lo e, assim, participarem mais ativamente das decisões da escola.

Os alunos não só podem como devem participar ativamente das definições que são tomadas no âmbito escolar, pois elas têm o objetivo de melhorar as condições da instituição em todos os aspectos pedagógicos e administrativos. Em última instância, essas decisões afetam o cotidiano dos estudantes; portanto, estes não podem prescindir de seu direito de participação.

Convém ressaltarmos que, por lei, as organizações estudantis podem ser elaboradas já na primeira etapa da educação fundamental, no início da escolarização, que se inicia quando o aluno tem cinco anos e completará seis, e termina quando o aluno tem 10 anos, período em que este enfrenta maiores dificuldades, pois a organização coletiva está apenas se iniciando, o que traz problemas para a efetivação do grêmio na escola.

Existe, no imaginário da grande maioria dos profissionais que trabalham na escola, a ideia de que os alunos não possuem as condições necessárias para se organizarem coletivamente em defesa de seus direitos, pois, segundo esses profissionais, os estudantes não conseguem dar conta sequer de seus deveres básicos. No entanto, tal justificativa não pode constituir desculpa para que se coloque em prática qualquer tipo de legislação que garanta direitos aos alunos no ambiente educacional.

Segundo a Lei nº 8.069, de 13 de julho de 1990 (Brasil, 1990):

> *Art. 53 – A criança e o adolescente têm direito à educação, visando ao pleno desenvolvimento de sua pessoa, preparo para o exercício da cidadania e qualificação para o trabalho, assegurando-se-lhes:*
> *[...]*
> *IV – direito de organização e participação em entidades estudantis.*
> *[...]*

Cabe, neste ponto da discussão, enfatizarmos a necessidade da participação dos indivíduos em todas as instâncias da democracia para que esta se fortaleça. Não podemos partir do princípio de que as pessoas, na primeira vez que participam de algum mecanismo de gestão, irão fazê-lo de forma igual aos que já vivenciaram outras formas de participação democrática. Lembramos que a aprendizagem é contínua no que se refere à participação das pessoas em qualquer um desses mecanismos e que, quanto mais participamos, maior é a qualidade da participação.

Se existe um desejo intenso pela ampliação da democracia na escola e, em consequência, também em nossa sociedade, é fundamental que os princípios da gestão democrática ganhem força e realmente se efetivem no espaço escolar. Para que tal objetivo seja alcançado, é fundamental a inclusão dos alunos nas reflexões e na tomada de decisões em todos os espaços democráticos que buscam a oferta de uma educação de qualidade.

Nesse sentido, nada mais justo que o grêmio estudantil, órgão que representa a vontade dos estudantes, esteja presente e seja participativo nas decisões que envolvem todas as questões educacionais.

Para tanto, precisamos mobilizar e dar autonomia de participação aos alunos em todos os assuntos que dizem respeito à organização do trabalho pedagógico da escola. Contudo não podemos pensar que tal participação seja tutelada, ou seja, com intervenção direta dos profissionais da escola em suas decisões.

É preciso fortalecer o grêmio estudantil como um espaço cada vez mais dinâmico e autônomo dos estudantes, que pode, sim, ter a participação dos profissionais da escola para fornecer as informações necessárias, subsidiando teoricamente as reflexões dos alunos. Porém, nos momentos das decisões, é importante que não ocorra a intervenção desses profissionais, pois só assim estaremos contribuindo para a real independência da organização estudantil.

Para que a constituição do grêmio se consolide, principalmente nas escolas de ensino fundamental, é preciso dialogar com todos os alunos e expor claramente a existência da possibilidade de organização dos estudantes e, ao mesmo tempo, esclarecer quais as possibilidades de atuação dos alunos.

Não é possível prever de que forma ocorrerá a participação dos estudantes e muito menos afirmar que esta não trará benefícios à organização da escola. Primeiramente, é fundamental que os estudantes eleitos para o grêmio estudantil recebam formação para desempenhar suas funções. Em um segundo momento, a escola deve desenvolver ações que permitam a participação plena dos estudantes nos rumos da administração escolar, para que, de fato, possam participar e contribuir decisivamente com a construção de uma escola de qualidade.

> Para que a constituição do grêmio estudantil se consolide, principalmente nas escolas de ensino fundamental, é preciso dialogar com todos os alunos e expor claramente a existência da possibilidade de organização dos estudantes e, ao mesmo tempo, esclarecer quais as possibilidades de atuação dos alunos.

É por meio do grêmio estudantil, consciente de suas ações, que os estudantes poderão discutir, opinar e participar da vida da escola, transformando-se em cidadãos críticos e participativos, que colaboram para a construção de uma escola adequada e, consequentemente, contribuem na formação de uma nova sociedade.

Está em tramitação, desde 2006, o Projeto de Lei nº 6.993, que propõe a alteração da LDBEN/1996, com o objetivo de assegurar a liberdade de organização das entidades representativas de estudantes. Paralelamente ao projeto, caminha um substitutivo da Deputada Alice Portugal (PC do B-BA), que propõe a vinculação entre a organização estudantil e o funcionamento das instituições de ensino e afirma que só poderão participar dos conselhos escolares os estudantes emancipados, pois, de acordo com a referida parlamentar, o fato de os alunos participarem de conselhos organizados nas escolas impõe a eles "responsabilidade civil pelos atos e decisões administrativas tomadas" (Portal Agência Câmara, citado por CM Newsletter, 2008).

3.2.4 Associação de Pais e Mestres (APM)

As Associações de Pais e Mestres (APM) ou similares – Associação de Pais, Professores e Funcionários (APPF), Associação de Pais, Mestres e Funcionários (APMF) – são instituições sem fins lucrativos criadas com a intenção de promover maior participação da população nas atividades realizadas pelos profissionais da escola, a fim de incentivar o acompanhamento da vida escolar dos alunos por parte de seus pais ou responsáveis e também viabilizar situações que promovam uma maior interação entre escola e comunidade.

Tais associações estão presentes em todas as escolas públicas de ensino fundamental e podem ser constituídas também em instituições escolares privadas. Na escola pública, esses grupos têm como uma de suas principais características a possibilidade de receber recursos públicos advindos de transferências públicas, cujo objetivo exclusivo é o de beneficiar a escola e seus alunos.

No entanto, para que a escola receba esses recursos, é necessário que a instituição constitua sua própria associação, por meio de eleição de representantes, de acordo com o estabelecido em seu regimento ou estatuto. Além disso, o estabelecimento deve registrar o recebimento e o uso desses valores e enviar um relatório à Receita Federal. A associação é a unidade executora (UEX)* cuja função é de administrar

* Denominação genérica dos órgãos colegiados determinada pelo Ministério da Educação (MEC) para orientar os responsáveis pelo recebimento, e pela execução e gestão dos recursos financeiros da unidade escolar. Com a denominação *unidade executora*, o MEC procurou sistematizar e homogeneizar a organização das estruturas colegiadas existentes, cuja função, entre outras, já era a de receber, gerenciar e gerar recursos financeiros para a escola. Como exemplo, apresentam-se os órgãos ou estruturas de gestão colegiada existentes atualmente nas escolas, que funcionam também como unidades executoras, como são os casos da APM, do caixa escolar, dos conselhos de escola, entre outros (Menezes; Santos, 2002).

as transferências de dinheiro público realizadas pelo governo para o auxílio às escolas públicas.

Como demonstramos, as associações realizam a gestão financeira da escola, a qual passa pela descentralização de verbas que são repassadas pela União, pelos estados e pelas prefeituras. Cada escola recebe uma determinada quantidade de recursos, de acordo com o número de alunos matriculados.

O gerenciamento dessas verbas é realizado pela associação e consiste em uma das principais atividades dessa entidade. Esse grupo também realiza muitas outras atividades; a que consideramos principal é a organização ativa do segmento dos pais na escola para que estes possam colaborar efetivamente na construção de uma escola que ofereça cada vez mais qualidade de ensino aos seus filhos.

No entanto, destacamos que muitas dessas associações existem apenas formalmente: além de carecerem de organização realizada efetivamente pelos pais, elas sofrem o assédio de diretores que "escolhem" as pessoas que farão parte dessas organizações e depois "manipulam" seus presidentes para poderem tomar conta das verbas e fazerem delas o que consideram mais importante.

Não queremos afirmar que esses diretores tenham má intenção, mas, ao agirem de tal maneira, impedem uma real organização por parte dos pais e acabam por inibir a participação da comunidade no desenvolvimento de uma escola que realmente atenda com qualidade à demanda da população.

Ressaltamos que, se a diretoria da associação não for atuante e houver a omissão por parte do conselho escolar em relação ao papel que tal instituição deve exercer, existe uma grande possibilidade de que ocorram mandos e desmandos por parte do diretor da escola.

O que queremos afirmar é que não existe gestão democrática se fatos como os relatados anteriormente acontecerem sem que haja interferência alguma por parte dos profissionais que trabalham na escola, como se nada estivesse ocorrendo de anormal.

A função dos profissionais que trabalham na escola é a de estimular os pais a exercerem suas funções da melhor forma possível, pois é por meio desse envolvimento em todas as questões referentes à escola, com real participação, diálogo, reflexão e decisão, que estaremos no rumo de uma instituição escolar verdadeiramente democrática.

Como apontamos anteriormente, o gerenciamento dos recursos financeiros é função da associação. Para que essa instituição cumpra bem o seu papel, é fundamental que o faça por meio de um orçamento participativo. Em outras palavras, a fim de que haja a definição dos recursos financeiros, primeiramente é preciso planejar coletivamente quais são as prioridades da escola para que esta efetive o seu PPP.

Para que a definição coletiva de gastos prioritários da escola seja realizada, algumas ações são essenciais, como:
- reunir assembleias trimestrais vinculadas à periodicidade do repasse das verbas de descentralização;

- garantir uma dinâmica de construção e apresentação de projetos para discussão de prioridades;
- construir um calendário com seminários para a formação da comunidade escolar, a fim de que ela possa efetivamente participar, discutindo, construindo, apresentando e aprovando projetos para a escola.

Além das ações propostas, é fundamental que as associações (APM, APPF, APMF) se organizem e possibilitem a interação com outras organizações já existentes na comunidade escolar, como a associação de moradores. Essa ação busca superar a dificuldade de organização do grupo dos pais que ainda persiste na maioria das associações, muitas vezes em virtude do receio de participar ativamente em um segmento que também é constituído por professores e funcionários. Ao possibilitar a participação de outras instituições que congregam os pais, há maior sintonia e fortalecimento entre os seus representantes, evitando, assim, a falta de participação.

3.2.5 Reunião pedagógica

Primeiramente, gostaríamos de esclarecer que entendemos como *reunião pedagógica* todas as reuniões realizadas pela escola – com professores, funcionários, pais e alunos, em conjunto ou separadamente. Entendemos que tais reuniões têm por finalidade definir coletivamente com a comunidade escolar quais os objetivos a serem alcançados e os principais desafios a serem enfrentados ao longo do ano letivo.

Para que os objetivos anteriormente citados sejam traçados, todos os envolvidos no processo devem ser ouvidos e convidados a demonstrarem seus anseios e suas expectativas e preocupações em relação ao bom desenvolvimento do PPP da escola. Ao longo desse processo, esse coletivo terá a função de, ao constatar dificuldades, possibilitar momentos de reflexão para que sejam analisadas as causas do problema, bem como organizados encaminhamentos que visem à superação de tais dificuldades, sempre tendo em vista a finalidade que orienta os objetivos da escola, que é a de assegurar um ensino de qualidade.

Para que essa dinâmica se efetive, é necessário que a escola trace metas que possibilitem um vínculo mais estreito com as famílias que desfrutam dos seus serviços.

As famílias, na maioria das vezes, tanto nos espaços de reuniões quanto nos de atendimento individual, são chamadas somente quando seus filhos apresentam problemas, sejam eles pedagógicos, sejam eles comportamentais. Além disso, o tratamento destinado aos pais nem sempre é o mais adequado, pois a escola, em vez de realizar orientações com a intenção de superar as dificuldades apresentadas, esmera-se em realizar reclamações dos alunos. Pensemos a respeito: que pai ou mãe se sente à vontade ao ouvir reclamações sobre seu filho?

> A função dos profissionais que trabalham na escola é estimular os pais a exercerem suas funções da melhor forma possível, pois é por meio desse envolvimento em todas as questões referentes à escola, com real participação, diálogo, reflexão e decisão, que estaremos no rumo de uma instituição escolar verdadeiramente democrática.

Para que a escola consiga trazer os pais para dentro de seu espaço, é necessária a promoção da participação desse segmento na dinâmica do trabalho pedagógico desenvolvido pela instituição. Além disso, o estabelecimento de ensino deve demonstrar que, de fato, a participação dos pais na vida escolar de seus filhos é fundamental para o processo de ensino-aprendizagem desenvolvido pela escola.

Por isso, os pais devem incentivar e estimular diariamente seus filhos a compartilharem aquilo que aprenderam na escola e a dividirem as dúvidas resultantes do processo de aprendizagem. Nesse momento, cabe aos pais esclarecer as dificuldades de seus filhos na medida do possível, instruindo-os a resolverem as pendências no dia seguinte com o professor.

Ressaltamos que o comprometimento dos pais com o desenvolvimento intelectivo dos filhos contribui também para evitar o envolvimento destes em situações que ofereçam risco.

A reunião pedagógica, independentemente de serem realizadas com professores, funcionários, pais ou alunos, é um espaço de discussão coletiva, que deve priorizar a reflexão das ações pedagógicas da escola, a busca pela valorização de todos os que estão envolvidos e a criação de um ambiente acolhedor em que os debates são permeados por relações democráticas e horizontais que buscam a construção do consenso, não havendo espaço para relações autoritárias e verticalizadas.

Como a escola é um espaço essencialmente de formação humana, suas ações pedagógicas devem ser constantemente debatidas, para que os rumos trilhados estejam direcionados de fato aos objetivos propostos.

Esse espaço de formação não pode contemplar apenas um dos segmentos (na grande maioria, o de professores); é preciso ampliar o compromisso da escola em atender professores, funcionários, pais e alunos em sua proposta de formação continuada, pois as dificuldades encontradas na efetivação do PPP não são superadas quando envolvemos apenas um desses segmentos. Elas têm maior possibilidade de superação se conseguirem envolver todos os segmentos em momentos de formação coletiva.

Evidentemente, verificamos diferenças de encaminhamentos quando as reuniões são direcionadas a um grupo específico. O que estamos querendo dizer é que, na maioria das vezes, esses espaços são utilizados somente para conversas com professores. Mesmo assim, acontecem encaminhamentos que não deveriam ocorrer, ou seja, são discutidas questões administrativas e, o que é pior, estas ganham maior importância em relação aos aspectos pedagógicos.

A reunião pedagógica é um dos principais espaços de formação, principalmente do professor. No entanto, queremos ressaltar que esse espaço deve ser fortalecido entre todos os segmentos da escola. Para tanto, deve haver um entendimento de todos de que o espaço das reuniões é específico para o debate de questões pedagógicas e que as questões administrativas devem estar a serviço da efetivação das definições pedagógicas.

Para que a formação de todos os segmentos da escola seja fortalecida, são necessários a descrição da dinâmica que possibilita o funcionamento dessa intituição e a compreensão e o envolvimento desses grupos nas questões que mais contribuem para que o ensino oferecido seja de qualidade, ou seja, é fundamental envolver esses segmentos na discussão sobre o PPP da escola.

Por isso, as reuniões pedagógicas devem ser bem organizadas e, ao mesmo tempo, contar com a colaboração de todos na discussão das questões pedagógicas, transformando esses momentos em um ótimo instrumento de reflexão sobre os rumos da escola e buscando a associação entre teoria e prática.

Para que o PPP seja pensado na busca de uma práxis, é necessário o conhecimento da realidade em que a escola está inserida. Para tanto, é fundamental o acesso a todo tipo de informação que auxilie a compreensão do trabalho realizado pela instituição e aos objetivos por ela elencados. De posse de tais informações, as pessoas que participam da vida da instituição escolar têm maior possibilidade de intervir nessas questões. Além disso, as decisões em busca da modificação e da transformação da realidade existente são tomadas com maior consistência, em razão de resultarem do conhecimento efetivo da situação.

> Como a escola é um espaço essencialmente de formação humana, suas ações pedagógicas devem ser constantemente debatidas, para que os rumos trilhados estejam direcionados de fato aos objetivos propostos.

A seguir, listamos alguns cuidados a serem observados no momento da organização das reuniões com um segmento

específico (professores, funcionários, pais e alunos) e que devem ser trabalhados na primeira reunião do ano:
- definir coletivamente a pauta da próxima reunião;
- divulgar a pauta para a comunidade escolar logo após a sua definição;
- marcar a reunião em local, data e horário em que seja viável a participação dos pais, e não apenas dos professores;
- avisar sobre as datas das reuniões com antecedência de, no mínimo, uma semana;
- enviar lembrete da reunião com 48 horas de antecedência;
- deixar a reunião aberta à participação de qualquer integrante da comunidade que deseje participar.

Além dos cuidados gerais, apresentamos algumas sugestões que devem ser observadas no momento de organizar as reuniões com o segmento dos pais:
- abrir espaço na pauta de cada reunião para discussão de uma dificuldade enfrentada pela comunidade, fazendo com que os pais sintam que a escola está realmente interessada no que acontece no dia a dia dos alunos;
- organizar reuniões com participação ativa dos alunos para que os pais conheçam um pouco da realidade da escola;
- realizar, em algumas reuniões, mostras de vídeos ou apresentações das crianças, motivando os pais a comparecerem e a conhecerem algumas das atividades desenvolvidas pela escola;
- sempre que possível, recepcionar os pais com lanche agradável e momento de descontração inicial.

Tais encaminhamentos parecem óbvios, mas nem sempre são efetivados. Preparar cuidadosamente a reunião significa que a escola realmente valoriza e sente a necessidade da presença dos pais, fato que, sem dúvida alguma, é fundamental para o fortalecimento das relações entre escola e família, o que certamente contribui para a melhoria da qualidade do ensino.

Podemos afirmar que o objetivo básico de um mecanismo de gestão democrática organizado de forma colegiada é propiciar a ampliação do espaço político da cidadania, garantindo à comunidade escolar o direito de participar, ativa e organizadamente, das definições políticas da escola.

> Podemos afirmar que o objetivo básico de um mecanismo de gestão democrática organizado de forma colegiada é propiciar a ampliação do espaço político da cidadania, garantindo à comunidade escolar o direito de participar, ativa e organizadamente, das definições políticas da escola.

O princípio da participação na gestão do processo educativo decorre da compreensão da educação como serviço público e permite que a comunidade (família, professores, alunos, funcionários, representantes sindicais e outros) atue de modo eficaz na elaboração de políticas educacionais e na expansão e organização das escolas, diminuindo o autoritarismo e o clientelismo.

Ajudar as populações a enfrentarem seus problemas sem paternalismo significa, em primeiro lugar, reconhecer a legitimidade de seus anseios expressos e estimular o direito da população a definir, por conta própria, suas necessidades e aspirações.

Síntese

Neste capítulo, buscamos refletir, com base na legislação educacional e no princípio da gestão democrática, sobre os procedimentos que devem ser adotados pelo pedagogo na busca pela participação efetiva dos profissionais que trabalham nos diversos mecanismos de ação coletiva no interior da escola.

Descrevemos a importância da direção da escola como aliada na prática das ações definidas coletivamente, pois o pedagogo tem a função de coordenar a organização do trabalho pedagógico da escola, e não há trabalho que resista às ações de uma direção que mine insistentemente as ações desse profissional.

Em seguida, apresentamos os fundamentos que caracterizam a concepção que deve permear a ação do pedagogo na efetivação dos mecanismos de gestão democrática: conselho de classe; associação de pais; grêmio estudantil; conselho de escola; e reunião pedagógica e de pais.

Indicação cultural

A CORRENTE do bem. Diretor: Mimi Leder. Produção: Peter Abrahams, Robert L. Levy e Steven Reuther. EUA: Warner Home Video, 2000. 115 min.

O professor de estudos sociais Eugene Simonet (Kevin Spacey) sugere o mesmo trabalho de sempre para a turma da 7ª série em seu primeiro dia de aula, sem maiores expectativas quanto aos resultados: os alunos têm de pensar em uma forma de mudar nosso mundo e colocá-la em prática.

Com base no trabalho proposto por seu professor, Trevor (Haley Joel Osment), um jovem que crê ser possível mudar o mundo por meio da ação voluntária de cada indivíduo cria um jogo chamado *Pay it forward*, baseado em três premissas: fazer por uma pessoa algo que ela não pode fazer por si mesma; fazer isso para três pessoas; cada pessoa ajudada deveria fazer isso por outras três. Assim, a corrente cresceria em progressão geométrica.

Os primeiros alvos do garoto são sua mãe e seu professor, e, por fim, um jovem repórter (Jay Mohr). Sem que Trevor saiba, a concepção da corrente do bem iniciada em Las Vegas acaba se espalhando pelos Estados Unidos.

O filme possibilita a reflexão sobre as relações humanas e também aponta para a necessidade de maior solidariedade nestas, em busca de um mundo melhor.

Atividades de autoavaliação

1. O conselho escolar é um mecanismo de gestão democrática, um órgão colegiado composto de forma paritária por todos os segmentos dos trabalhadores da escola e de pais e alunos, com o objetivo explícito de promover o desenvolvimento da educação. Com base nesse princípio, analise as sentenças relacionadas a seguir e indique com (V) aquelas que considerar fundamentais para o funcionamento adequado do conselho e com (F) as que em nada contribuem para a eficiência desse órgão:

   ( ) Como as discussões do conselho não são baseadas na vontade individual de seus participantes, cada conselheiro deve ter em mente que ele representa a vontade dos pares que o elegeram em seu segmento.

   ( ) Todas as reuniões do conselho devem ser sempre abertas à participação de todos que assim desejarem. No entanto, a participação formal da comunidade não pode limitar-se a uma possibilidade inscrita no estatuto do conselho; é necessário divulgar as datas das reuniões com bastante antecedência, de preferência de uma reunião para a outra, permitindo que os segmentos interessados consultem previamente a pauta da próxima reunião.

( ) As informações não precisam ser claras; omissões ou sonegação de informações são possíveis, pois as pessoas decidem coletivamente sobre a pauta.

( ) O conselheiro do segmento dos pais foi eleito por eles e pode tomar suas decisões sem consultá-los, pois é muito difícil reunir os pais para a análise da pauta da reunião.

( ) O conselho escolar tem por objetivo deliberar sobre todos os aspectos relacionados às ações realizadas na/pela escola.

Assinale a alternativa que corresponde à ordem correta:
a. V, V, F, V, F.
b. V, V, F, F, V.
c. V, V, V, V F.
d. F, V, F, V, V.

2. O conselho de classe é um órgão colegiado cujo papel fundamental consiste em atuar como instrumento adequado de dinamização do processo avaliativo das ações da escola, por meio de múltiplas análises de seus participantes. Essas análises devem possibilitar, além do acompanhamento e aprimoramento do processo de ensino-aprendizagem, a viabilidade da estruturação do trabalho pedagógico como prática coletiva que vivencia um projeto educacional único e solidário. Com base nesse pressuposto, analise as opções a seguir e marque com (V) aquelas que representam as etapas descritas no texto e com (F) as que não representam:

( ) Pré-conselho: tem a finalidade de analisar de forma rigorosa e detalhada os problemas de comportamento de cada turma e aluno.

( ) Pré-conselho: tem a finalidade de analisar de forma rigorosa e detalhada os problemas relacionados ao ensino e à aprendizagem de cada turma e aluno.

( ) Conselho de classe: espaço específico de sensibilização da consciência profissional para a exposição dos principais problemas administrativos da escola.

( ) Conselho de classe: espaço específico destinado à sensibilização da consciência profissional para a exposição dos principais problemas apresentados no pré-conselho, sejam eles coletivos, sejam eles individuais.

( ) Pós-conselho: é o espaço destinado ao acompanhamento dos problemas de comportamento apresentados pelo aluno no pré-conselho.

( ) Pós-conselho: é o espaço destinado ao acompanhamento dos encaminhamentos propostos no conselho de classe, com o objetivo de qualificar as ações desenvolvidas.

Assinale a alternativa que corresponde à ordem correta:
a. V, V, F, V, F, V.
b. V, F, V, F, V, F.
c. V, V, F, F, V, V.
d. F, V, F, V, F, V.

3. O grêmio estudantil é um mecanismo de gestão democrática constituído para organizar e representar a vontade dos estudantes em relação às ações que são desenvolvidas na escola. Tal espaço deve promover ações que visem à melhoria da vida dos alunos. A esse respeito, analise os aspectos relacionados a seguir e assinale com (V) as proposições verdadeiras e com (F) as falsas:

( ) Os alunos do grêmio realizam o papel de ajudantes dos professores.

( ) Os alunos não só podem como devem participar ativamente das decisões que são tomadas, pois elas têm o objetivo de melhorar as condições da escola em todos os aspectos pedagógicos e administrativos.

( ) Precisamos ampliar e mobilizar os estudantes para que estes participem de todos os assuntos que dizem respeito à organização do trabalho pedagógico da escola.

( ) Em um primeiro momento, é fundamental que os estudantes eleitos para o grêmio estudantil recebam formação para desempenhar suas funções, pois o conhecimento leva à autonomia de organização. Em um segundo momento, a escola deve promover ações que viabilizem a participação dos alunos nas reuniões do estabelecimento de ensino.

( ) Os alunos não precisam participar ativamente das definições da escola, pois eles não possuem conhecimentos pedagógicos que lhes permitam decidir sobre os rumos da instituição.

Assinale a alternativa que corresponde à ordem correta:
a. V, V, F, V, F.
b. V, F, V, F, V.
c. F, V, V, V, F.
d. F, V, F, V, V.

4. As Associações de Pais e Mestres (APM) ou similares são instituições sem fins lucrativos criadas com a intenção de promover maior participação da população nas atividades realizadas pela escola. Partindo dessa premissa, assinale (V) para as proposições verdadeiras e (F) para as falsas:

( ) As associações de pais ou similares estão presentes em todas as escolas públicas de ensino fundamental e podem ser constituídas em escolas privadas.

( ) As associações podem existir apenas formalmente, pois os pais não participam efetivamente da consolidação desses órgãos. Além disso, na maioria das escolas, o diretor "escolhe" as pessoas que farão parte desse ente colegiado, pois é ele quem decide o destino das verbas e quem sabe o que é mais importante para a escola.

( ) Para que a escola receba recursos provindos de transferências públicas, é necessário que a instituição escolar constitua sua própria associação, por meio de eleição de representantes, de acordo com o estabelecido em seu regimento ou estatuto. É obrigatório o registro na Receita Federal.

( ) Visando incrementar a sua organização e seu poder de participação nas decisões, as associações de pais (APM, APPF, APMF) devem mobilizar-se e ampliar a participação da comunidade escolar e local nas reflexões sobre o dia a dia da escola, inclusive interagindo com outras associações já existentes na comunidade.

( ) As associações de pais ou similares não são obrigatórias nas escolas públicas de ensino fundamental e não podem ser constituídas em escolas privadas.

Assinale a alternativa que corresponde à ordem correta:
a. V, F, V, V, F.
b. V, F, V, F, V.
c. V, V, F, F, V.
d. F, V, F, V, V.

5. As reuniões pedagógicas realizadas com professores, funcionários, pais e alunos, em conjunto ou separadamente, têm por finalidade, em um determinado momento, definir coletivamente com a comunidade escolar os objetivos que devem ser alcançados ao longo de um determinado período e os principais desafios a serem enfrentados no decorrer do ano letivo. A esse respeito, assinale as afirmações verdadeiras com (V) e com (F) as falsas:

(   ) Para que os objetivos sejam traçados, as reuniões devem promover a participação de todos os envolvidos no processo, que são convidados a demonstrarem seus anseios e suas expectativas e preocupações em relação ao bom desenvolvimento do PPP da escola.

(   ) A reunião pedagógica é um espaço de discussão coletiva sobre ações pedagógicas da escola, e, por isso, deve priorizar os professores; mesmo os pais estando presentes, não é importante haver um ambiente acolhedor e que valorize a participação dos outros segmentos, pois quem detém o conhecimento são os professores.

(   ) As reuniões são espaços promovidos pelo coletivo da escola no intento de criar momentos de reflexão sobre as dificuldades relacionadas à condução do cotidiano da instituição. Nesse espaço, as causas dos problemas devem ser analisadas, bem como organizados encaminhamentos que visem à superação dessas dificuldades, sempre tendo como finalidade melhorar a qualidade do ensino.

(   ) As reuniões pedagógicas, se contarem com a presença de todos os segmentos, não precisam ser bem organizadas e podem ser improvisadas, pois não constituem espaço de discussão sobre questões pedagógicas, mas sim de conversa superficial sobre cada um dos assuntos da pauta, podendo conter questões administrativas a serem discutidas.

( ) Podemos afirmar que os resultados na aprendizagem dos alunos serão cada vez melhores se a escola conseguir trazer os pais para dentro de seu espaço. Para isso, a instituição deve promover reuniões que facilitem a compreensão da dinâmica do trabalho da escola e, ao mesmo tempo, demonstrem a importância da participação dos pais na vida escolar de seu filhos, incentivando-os e estimulando-os diariamente.

Assinale a alternativa que corresponde à ordem correta:
a. V, V, F, V, F.
b. V, F, V, F, V.
c. V, V, F, F, V.
d. F, V, F, V, V.

Atividades de aprendizagem

Questões para reflexão

1. Aprofunde seus conhecimentos sobre o mecanismo de gestão democrática, conhecido como *conselho escolar*, acessando o Programa Nacional de Fortalecimento dos Conselhos Escolares no *site* do MEC. Esse espaço virtual conta com publicações oficiais, experiências relatadas sobre a atuação dos conselhos e contatos disponíveis para que você tire

dúvidas sobre o assunto. Basta acessar o *link* a seguir: <http://portal.mec.gov.br/index.php?option=com_content&view=article&id=12384&Itemid=655>.

Após a leitura, descreva pelo menos três dúvidas sobre o conselho escolar que suscitaram o seu interesse.

2. Aprofunde seus conhecimentos sobre a estrutura e a forma de funcionamento do conselho escolar acessando o *site* do Governo Federal, que disponibiliza um modelo de estatuto do conselho escolar. Caso queira saber mais informações sobre a estrutura e o funcionamento desse órgão colegiado, acesse o *link* a seguir: <http://portal.mec.gov.br/seb/arquivos/pdf/Conescol/pr_lond_sttt.pdf>.

Atividade aplicada: prática

Procure conhecer uma escola em sua cidade que disponha do mecanismo de gestão democrática denominado *conselho escolar* e converse com o pedagogo, um professor, um pai, uma mãe ou um aluno. Em seguida, apresente suas impressões sobre como o conselho vem se organizando e indique se ocorreram melhorias significativas no processo de democratização da gestão da escola.

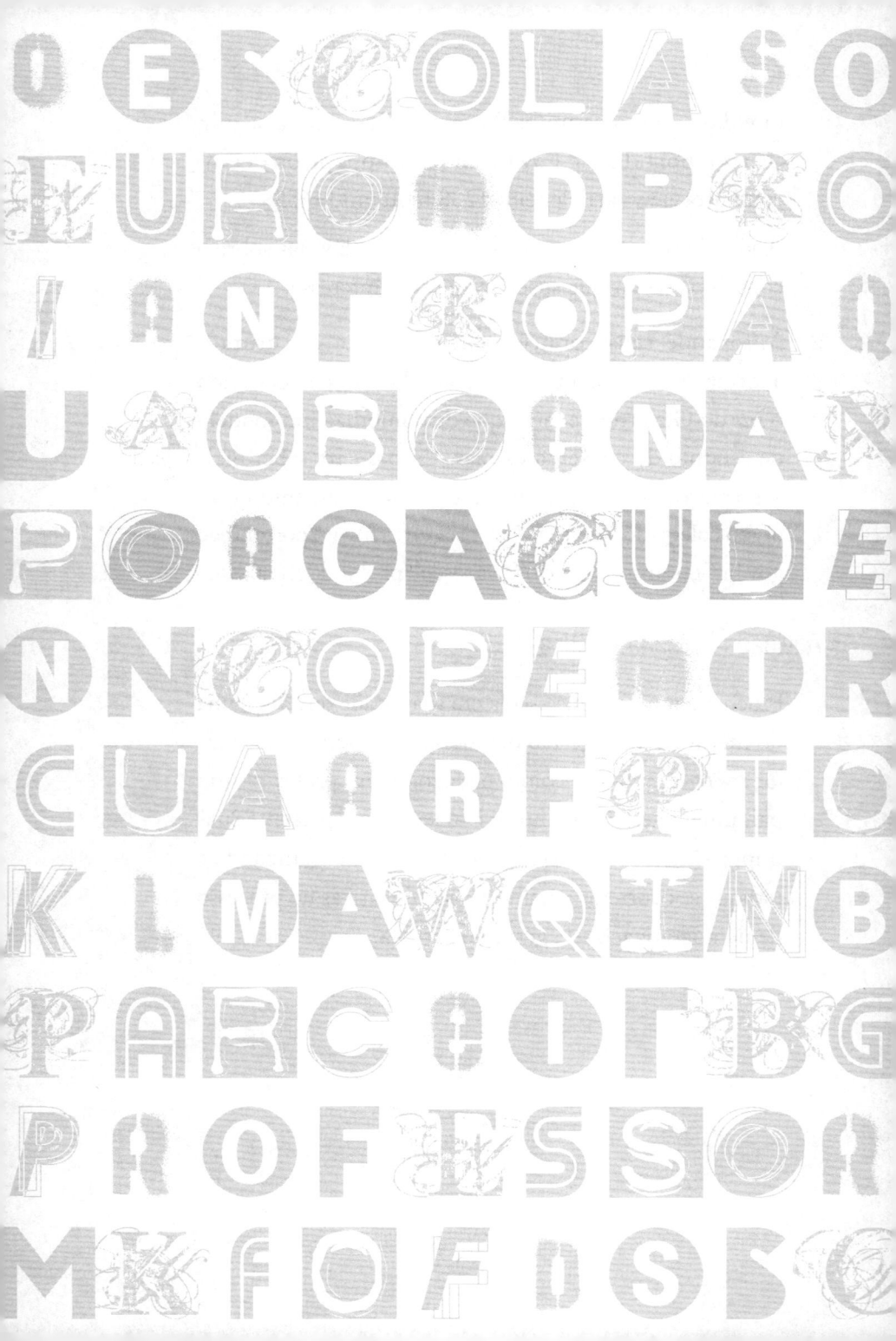

O E B COLA S O
FUR O A D P K O
I A N Г K O P A Q
U A O B O E N A
P O A C A G U D E
N C O P E T R
C U A A R F P T O
K L M A W Q I N B
P A R C E I Г B G
P R O F E S S O R
M K F O F D S G

4
O pedagogo e as diferentes formas de organização do ensino

Para que possamos enfatizar, neste capítulo, o trabalho do pedagogo no que diz respeito às opções de organização do trabalho pedagógico na escola, é necessário retomarmos, em linhas gerais, os elementos fundamentais que caracterizam a ação de qualquer profissional de educação que queira desempenhar sua função com qualidade trabalhados nos capítulos anteriores:
- a escola e o seu contexto social;
- a natureza e a especificidade da educação;
- a legislação educacional;
- a qualidade do ensino;
- a gestão democrática e seus diversos mecanismos.

Sem uma real compreensão dos aspectos anteriormente mencionados, qualquer opção assumida para a organização do trabalho pedagógico, além de inconsistente, muito provavelmente estará fadada ao erro.

Portanto, não basta definir a organização do ensino em ciclos ou séries, ou se a organização curricular se dará por temas, projetos, complexos temáticos, entre outros.

Existem diferentes formas de organização curricular. Em virtude disso, a pergunta que devemos fazer é:

> **pense a respeito!** Qual delas é a mais adequada para implementar a concepção de educação que está descrita no projeto político-perdagógico (PPP)?

Para que essa decisão possa ser tomada coletivamente, o pedagogo deve contar com o tempo necessário para que possa fomentar e embasar teoricamente as opções que serão discutidas pelos profissionais de educação da instituição educacional e pela comunidade escolar. Ou seja, cabe a ele a coordenação do trabalho pedagógico com vistas a definições da opção curricular adotada pelo coletivo da escola para que esta consiga oferecer educação de qualidade para a população.

Conforme a Lei de Diretrizes e Bases da Educação Nacional (LDBEN), Lei nº 9.394, de 20 de dezembro de 1996 (Brasil, 1996):

Art. 23. A educação básica poderá organizar-se em séries anuais, períodos semestrais, ciclos, alternância regular de períodos de estudos, grupos não seriados, com base na idade, na competência e em outros critérios, ou por forma diversa de organização, sempre que o interesse do processo de aprendizagem assim o recomendar.

Note que a LDBEN/1996 não restringe o ensino a algumas determinadas formas de organização curricular. Pelo contrário, ela permite a organização do currículo escolar das mais variadas formas, desde que tal opção atenda ao compromisso efetivo com o processo de ensino-aprendizagem da população.

Portanto, é fundamental retomarmos o art. 14 da LDBEN/1996, o qual aponta a responsabilidade da escola na elaboração do seu projeto pedagógico. Para tanto, é fundamental que ocorra a participação da comunidade escolar por meio de conselhos escolares ou equivalentes. Como é possível constatar pela legislação educacional, de fato tal definição cabe realmente à escola. No entanto, para que isso realmente ocorra, é fundamental que os pressupostos elencados no início deste capítulo – descritos com maior ênfase nos capítulos anteriores – sejam totalmente dominados pelos profissionais da educação, inclusive para que estes possam subsidiar teoricamente a população que estará participando do processo de elaboração.

Partindo desse pressuposto, passamos a descrever agora as principais características que fundamentam as diversas formas de organização curricular em nosso país. Para isso, apoiaremo-nos nas reflexões de Eyng (2007). Essa autora, ao explanar sobre as formas de organização curricular, indica que, em virtude das modificações no atual contexto histórico pelo qual passa a sociedade, a escola é impelida a realizar modificações na forma de compreender e efetivar o currículo da instituição. Eyng (2007) reforça a necessidade de a escola modificar a organização linear, que se apoia numa concepção fragmentada da realidade, e passar a estruturar-se com base em uma concepção sistêmica, ou seja, de currículo integrado. Nesse mesmo sentido, Saviani (2005, p. 02) argumenta:

> *A organização curricular consiste, portanto, no conjunto de atividades desenvolvidas pela escola, na distribuição das disciplinas/áreas de estudo (as matérias, ou componentes curriculares), por série, grau, nível, modalidade de ensino e respectiva carga-horária – aquilo que se convencionou chamar de "grade curricular". Compreende também os programas, que dispõem os conteúdos básicos de cada componente e as indicações metodológicas para seu desenvolvimento. Por conseguinte, a organização curricular supõe a organização do trabalho pedagógico. Isto quer dizer que o saber escolar, organizado e disposto especificamente para fins de ensino-aprendizagem, compreende não só aspectos ligados à seleção dos conteúdos, mas também os referentes a métodos, procedimentos, técnicas, recursos empregados na educação escolar. Consubstancia-se, pois, tanto no Currículo quanto na Didática.*

Vale destacarmos que Eyng (2007), ao afirmar a necessidade de mudança na forma de organização curricular, associa a disposição linear às teorias conservadoras de maneira geral, as quais têm em comum a visão de que a escola é uma instituição social cujo objetivo é adaptar o indivíduo às condições da sociedade. A autora aponta, ainda, para a necessidade de organizar-se o currículo de forma integrada, o que, para a estudiosa, corresponde a uma concepção transformadora, que tem a finalidade de formação de um sujeito capaz de compreender criticamente o contexto em que está inserido, em um processo de transformação.

Neste ponto do texto, apresentaremos as principais características das vertentes da organização curricular linear e integrada destacadas por Eyng (2007).

- Organização linear:
  - disciplinas sequenciais;
  - linha de montagem (linearidade);
  - exigência de pré-requisitos;
  - divisão entre disciplinas teóricas e práticas;
  - presença de grades curriculares;
  - disciplina como referência (área do conhecimento);
  - fragmentação curricular;
  - valorização da transmissão e da memorização dos conteúdos;
  - reprodução do conhecimento e negação da diversidade;
  - fundamentação nas tendências pedagógicas da escola tradicional, nova e tecnicista.
- Organização integrada:
  - ênfase na produção do conhecimento interdisciplinar;
  - superação da fragmentação;
  - inter-relação entre teoria e prática;

- presença de unidades integradas;
- construção de conhecimento significativo mediado pela realidade;
- formação da consciência;
- conhecimento resultante da interpretação que o sujeito faz do objeto;
- priorização de conteúdos nucleares que permitem atualidade formativa;
- ênfase na formação do indivíduo e, sobretudo, no desenvolvimento da cidadania.

Tendo clara a concepção de currículo que almejamos, é preciso pensarmos na organização dos tempos e dos espaços escolares. Aí cabe a definição de organizá-los em ciclos ou séries, ou por outra forma de organização curricular diferenciada: por temas, projetos, complexos temáticos, entre outros.

4.1 Organização curricular por série

No primeiro capítulo, descrevemos com detalhes como está a questão do acesso e da permanência de alunos na educação básica e na educação superior, apontando sempre para a ampliação do direito à educação nas duas etapas. Também ressaltamos, na discussão inicial da obra, que o nível educacional que mais inspira preocupação é o ensino fundamental, o qual, apesar de ser obrigatório, está muito aquém de satisfazer aos fatores educacionais "acesso" e "qualidade", apesar das discussões travadas na década de 1990 a esse respeito.

Conforme Silva (2013, p. 2):

> *O regime seriado predominou em nossas escolas do final do século XIX até o início da década de 80 do Século XX, quando passou a ser problematizado por ter seus fundamentos vinculados a uma pedagogia tradicional. A pedagogia tradicional, como se sabe, está centrada na transmissão de conhecimentos acumulados e considerados essenciais para a inserção de todos à sociedade e ao mercado de trabalho. Nesse modelo, os conhecimentos são divididos em componentes curriculares específicos para cada campo do conhecimento e esses, por sua vez, são subdivididos em séries ou anos de estudos. A lógica dessa forma de organização curricular é exclusivamente temporal, pois fica estabelecido que determinados conteúdos devam ser aprendidos, indistintamente, por todos os alunos num tempo também determinado.*

Esses são alguns dos componentes da organização curricular por série, apesar de aparentemente terem sido superados pelo discurso progressista da maioria dos educadores, visto que estes afirmam não ser suficiente apenas a memorização e a reprodução de alguns conhecimentos considerados essenciais por parte dos alunos. Para além disso, é preciso que a educação forme um sujeito que seja capaz de compreender criticamente o contexto em que está inserido e, com base nesse entendimento, possa optar por adaptar-se ao sistema ou agir deliberadamente em busca da transformação das relações sociais impostas.

No entanto, o que constatamos é que, apesar de a legislação possibilitar à escola a modificação da organização curricular para que a instituição atenda às definições do seu PPP, são poucos os estabelecimentos que de fato tomam tal iniciativa. A opção pela mudança, quando ocorre, acaba ficando sob a responsabilidade dos estados e municípios, ou seja, as escolas, principalmente as públicas, dificilmente promovem tais mudanças; ao invés disso, aguardam as definições dos governos.

Não queremos insinuar que as escolas não podem contar com definições dos governos; desejamos apenas enfatizar que essas determinações costumam ter pouca durabilidade, pois são marcas atribuídas a determinados governos e mudanças isoladas e sucessivas geram desgastes e trazem insegurança.

A espera por determinações só tem sentido se há pressão por parte da comunidade escolar para uma definição coletiva que direcione uma política de Estado. Essa ação popular deve ser conduzida, em todos os entes da federação, por conselhos de educação com ampla participação da comunidade escolar e local, para que, ao ser efetivada, essa iniciativa não fique a mercê dos governos que se sucedem.

No entanto, essa dinâmica ainda é relegada a um plano ideal, pois a política educacional ainda depende de definições por parte dos governos, que, nos períodos eleitorais, principalmente, definem como uma de suas metas a melhoria da educação. As promessas e compromissos feitos por candidatos, que chegam a ser assinados em cartório para impressionar a população, sequer saem do papel; na maioria das vezes, esses pactos são trocados por meras ações emergenciais. As políticas educacionais brasileiras, principalmente públicas, não têm conseguido atender a compromissos básicos da maioria da população – acesso a uma educação de qualidade que permita que os alunos permaneçam na escola e concluam seus estudos. No entanto, a maioria das escolas brasileiras, apesar de conscientes dessa realidade, preferem aguardar por definições do governo e se organizar de forma seriada.

Conforme Negreiros (2005, p. 185):

> *Dados de 2003, fornecidos pelo Inep, referentes ao cadastro escolar nacional sobre o número de escolas segundo a forma de organização, comprovam esse fenômeno. Em relação ao Brasil, o quadro apresenta-se da seguinte maneira: 81,1% dos estabelecimentos de ensino adotam o sistema seriado, 11%, o regime de ciclos e 7,9% adotam mais de uma forma de organização. Na esfera estadual, 57,6%, o seriado, 26,1%, o de ciclos e 16,3%, mais de uma forma; nas redes municipais, 84,9%, o seriado, 8,3%, o de ciclos e 6,7%, mais de uma forma; em relação às escolas particulares os números evidenciam que 96,5% continuam com a seriação, 2%, adotam ciclos e 1,4%, mais de uma organização.*

Os dados anteriormente expostos comprovam o que afirmamos até este estágio do texto: 81,1% dos estabelecimentos de ensino adotam o sistema seriado, apesar dos dados alarmantes demonstrados no primeiro capítulo em relação à conclusão dos estudos referentes à educação básica – 6.074.649

dos alunos iniciam a 1ª série em 2000, e, destes, somente 3.013.901 iniciaram a 8ª série em 2007, ou seja, apenas 49,61%; menos da metade dos ingressantes iniciaram a última série (Negreiros, 2005).

Para analisarmos a situação exposta, valemo-nos de elementos da dinâmica da reprovação escolar a fim de compreendê-la. Segundo Paro (2001), é possível indicar, em uma classificação preliminar, quatro ordens de determinantes que influenciam a postura contrária à aprovação: socioculturais, psicobiográficos, institucionais e didático-pedagógicos. Apesar da riqueza de fatores, para efeito do nosso estudo, destacaremos apenas os condicionantes institucionais.

Segundo Paro (2001, p. 98):

> *Utilizo a denominação geral de determinantes institucionais da resistência a aprovação escolar para me referir às condições materiais e estruturais da escola que condicionam a forma e as possibilidades de exercício da ação educativa que aí se realiza. Isto significa que a maior ou menor propensão para a resistência à aprovação é sensível a forma mais ou menos adequada das condições de trabalho na escola e ao modo como esta se encontra organizada. Para sintetizar a ação desses determinantes, pode-se considerar três maneiras pelas quais os fatores institucionais atuam na indução dos educadores a resistirem a promoção de alunos: a pressão das condições materiais escolares adversas à realização de um ensino de qualidade; a prevalência da reprovação como estruturante do ensino; e a ausência de medidas do sistema de ensino tendentes a facilitar a aceitação da aprovação.*

A falta de condições materiais, a reprovação como parte da organização curricular e a ausência de medidas que incentivem a reflexão e a mudança do sistema de avaliação são determinantes para que o sistema educacional apresente os números mostrados anteriormente. Associamos tal realidade à falta de políticas públicas efetivas que priorizem a oferta de ensino de qualidade. Esse problema se deve à ausência de definição de pressupostos fundamentais que possibilitariam ao Estado, de fato, oferecer ensino de qualidade, a saber: reorganização coletiva do currículo, melhoria das condições estruturais, gestão verdadeiramente democrática, valorização dos profissionais (plano de carreira e salários condizentes com sua formação), entre outros.

É necessário, portanto, refletirmos objetivamente sobre as diversas formas de organizar o ensino, com a intenção efetiva de modificar a forma de organização curricular. Também é necessário que estejam sendo pensadas e providenciadas as condições materiais de trabalho necessárias para que essas formas de organização possam ser consolidadas.

Segundo Negreiros (2005, p. 186):

> *Na rede pública têm sido realizados, de modo geral, muitos congressos, seminários, fóruns, publicações, envolvendo os educadores, um debate sem precedentes visando à explicitação consistente desse modelo de organização escolar, ajustado à função social de uma escola cidadã – a escola de direitos.*

Já não é mais possível oferecer às instituições públicas de ensino momentos de reflexão nas mais diversas formas de debates educacionais sem que, a partir disso, ocorra também modificação na forma de agir e pensar. Temos clareza de que apenas a mudança de nomenclatura da organização curricular não resolve problema algum.

É preciso modificar a forma de compreender o processo de formação humana, e isso requer estudo (tempo e espaço) para que ocorram a aprendizagem e a modificação de comportamento por parte dos profissionais da educação e, também, compreensão da comunidade escolar. Portanto, a modificação da organização curricular na escola não se impõe por decreto, mas sim por meio da conscientização de que são necessárias ações que promovam a melhoria da qualidade do processo de ensino-aprendizagem para a população.

De acordo com Negreiros (2005, p. 186), nas instituições de ensino privadas, "os números evidenciam que 96,5% continuam com a seriação, 2% adotam ciclos e 1,4% mais de uma organização".

Ainda segundo Negreiros (2005, p. 186):

> *Na rede privada, por sua vez, a situação é, no mínimo, provocante. Para a elaboração de seus projetos políticos pedagógicos, os colégios fazem contratos isolados com empresas de assessoria pedagógica. Não se conhecem as razões da "resistência" à proposta dos ciclos entendida pelos teóricos como "pedagogicamente correta". Não se sabe até que ponto a questão é ou não analisada, se a temática é discutida como proposta de ação pedagógica que pode contribuir para uma prática mais coerente com os princípios e valores de formação desejados pelos colégios. O fato é que existe uma*

opção predominante pelo ensino seriado, quase que exclusiva. Sabe-se, também, que, normalmente, os registros de alterações implementados ficam restritos ao regimento dos colégios e pouco se conhecem os porquês.

Como podemos perceber pela fala do autor, não existem razões objetivas para a resistência à proposta de ciclos. No entanto, é necessário lembrarmos qual é a população que efetivamente é usuária das instituições privadas de ensino. Em sua maioria, ela é constituída por uma classe social privilegiada, ou seja, que possui recursos financeiros que possibilitem a essa parcela da sociedade optar pela escola pública ou privada. Quando a opção é pela escola privada, ela se dá por inúmeros motivos: proposta pedagógica diferenciada, estrutura física adequada, serviços de apoio ao educando com dificuldade de aprendizagem, qualidade do ensino, formação continuada dos professores, segurança, entre outros.

Essa possibilidade de escolha não é dada a grande parte da população. Aliás, uma parcela considerável das famílias não pode sequer levar em consideração os benefícios das instituições privadas de ensino no momento de escolher uma escola adequada para seus filhos. Em vez disso, obedecem à indicação dos governos e matriculam seus filhos nas escolas mais próximas às suas residências, isso quando pai e mãe não são obrigados a fazê-lo diretamente.

Segundo Negreiros (2005, p. 191):

> *No campo da educação, isso significa que nenhuma família investe na escola particular aceitando passivamente a*

possibilidade de reprovação. Essa situação põe os colégios diante de um duplo desafio quando se deparam com alunos que apresentam dificuldades de aprendizagem: prestar um ensino de qualidade porque esta é a sua razão de ser e porque a família faz um investimento na expectativa do sucesso escolar e profissional. O fato é que esse contexto acabou gerando um esforço duplo para que o aluno possa vencer seus estudos. A família e a escola tornam-se parceiras do sucesso.

Ao matricularem seus filhos nas escolas privadas, as famílias pensam estar investindo na educação e em um futuro profissional promissor. Realmente, tal ação, provavelmente, possibilitará que esse objetivo seja alcançado.

Contudo, é preciso salientarmos que os pais que fazem esse investimento não aceitam de forma tranquila o fato de as escolas reprovarem seus filhos sem que ocorram encaminhamentos significativos que possibilitem ao aluno superar suas dificuldades. Para atender a tal demanda, as escolas, com base em suas necessidades, acabam por modificar algumas estratégias pedagógicas, principalmente com a oferta de apoio pedagógico extra. Sem falar que, quando a escola relata as dificuldades para a família, esta também cumpre o seu papel de estimular, incentivar e auxiliar suas crianças nas dificuldades apresentadas.

De acordo com Negreiros (2005, p. 198-199), as razões que motivam as instituições de ensino privadas a sustentarem a organização seriada, para "além da tradição de mercado", são as seguintes:

a. *o ensino seriado permite um monitoramento mais contínuo dos alunos, visto que passam por provas contínuas de avaliação de desempenho; por sua vez, esse monitoramento permite uma intervenção mais pontual para atender os alunos que estão com alguma dificuldade e, nessa condição, respondem de uma forma mais rápida mediante as estratégias de apoio paralelo oferecidas pelos colégios;*

b. *a escola seriada apresenta-se para o aluno com uma estrutura mais exigente. Impõe-se de uma forma mais desafiadora, isto é, o aluno precisa ajustar-se a uma rotina marcada pela cobrança contínua de provas, exercícios, vestibulares, práticas que darão a ele a condição de perceber seu progresso e dizer: eu passei, eu não passei, eu consegui;*

c. *a organização seriada tem uma relação direta com a nossa vida. Tudo tem começo, meio e fim. O tempo do cotidiano é fragmentado e vivemos esta realidade continuamente. Existem ritos de passagem que culturalmente reforçam o ciclo anual. Vivemos uma cultura cronológica do ano e a organização seriada ajusta-se a essa demanda. Possibilita ao aluno no final do ano avaliar se deu conta ou não de cumprir sua meta e seus objetivos;*

d. *a natureza humana precisa de condições exógenas que determinem uma pressão sobre o comportamento dos alunos de tal forma que possam vencer uma condição natural de conforto e tendência à acomodação. Só motivação não é suficiente para despertar o aluno para o estudo, ele precisa sentir-se pressionado e desafiado;*

e. *vivemos em uma sociedade em que tudo está marcado pela competição, o trabalho, o esporte, a política. O alunado incorpora essa disposição e, nesse sentido, a organização seriada valoriza o esforço individual permitindo a experiência do sucesso e da conquista. A possibilidade da retenção permite à escola preparar melhor aquele aluno que não tem as habilidades, o conhecimento ou a maturidade para continuar. O atleta que não está bem condicionado precisa de mais treinamento para chegar ao nível dos outros e às vezes até superá-los. A organização seriada permite um enquadramento do desempenho dos alunos e a sua condição para avançar nas séries seguintes.*

f. *a ideia de que as pessoas ocupam posições diferentes na sociedade e que, por isso, a educação não pode ser a mesma para todos ganha destaque quando a família não aceita a escola de aprovação automática. A defesa do ensino seriado é sustentada, entre outros motivos, pela possibilidade da reprovação, o que reflete uma cultura escolar que ainda acredita que a qualidade do ensino compõe-se com a seletividade dos alunos. Aliás, quando a família manifesta-se pela continuidade do ensino seriado, certamente está demarcando um modelo de organização escolar que melhor se configura com sua identidade de classe social.*

Analisando essas razões, é possível inferir que a maioria delas apresenta grande fragilidade de sustentação teórica. A única que realmente justifica o fato de as escolas privadas não possuírem alto índice de reprovação está ligada diretamente ao fato de essas instituições de ensino ajudarem os alunos que estão com alguma dificuldade durante o processo de ensino-aprendizagem por meio de apoio paralelo em contraturno.

As demais razões, do nosso ponto de vista, não se sustentam teoricamente no que diz respeito à defesa de uma concepção progressista de educação e de uma organização seriada de ensino por parte das instituições privadas. Essas escolhas só se justificam quando analisamos a organização social em que as escolas privadas estão inseridas, ou seja, na organização social capitalista.

Nesse contexto educacional, os alunos devem lidar com a seguinte realidade: necessidade de adaptação às condições impostas; organização curricular fragmentada; ausência de visão holística do conteúdo; pressões constantes; e ênfase na individualidade e na competição. Esse ambiente de ensino inculca na mente dos alunos que, para vencer, é preciso ter mérito e entender que as maiores oportunidades são somente para os melhores alunos, pois o sistema é seletivo.

Contudo, cabe salientarmos que não estamos afirmando que as escolas privadas são de péssima qualidade ou algo parecido; estamos apenas destacando o contexto social ao qual escolas tanto públicas quanto privadas são submetidas, e, principalmente, refletindo sobre as razões elencadas pelas escolas privadas para a defesa da organização seriada.

Temos clareza de que existem escolas públicas e privadas que se esforçam para oferecer ensino de qualidade, apesar das condições a que as primeiras são expostas. Mas, sobretudo, é importante relatarmos que também é possível constatar – diríamos *infelizmente*, com base em estatísticas educacionais –, que a maioria das escolas, principalmente públicas, pelo fato de atenderem a aproximadamente 84% da população escolar no ensino fundamental, apresenta sérias dificuldades para oferecer ensino de qualidade, o que acaba por ocasionar alto índice de reprovação e evasão (Inep, 2013a, 2013b).

Como as escolas privadas atendem aos outros 16% da população, que, por sua vez, consiste, em sua maioria, em uma parcela da sociedade que tende a ser mais esclarecida e comprometida com o processo de aprendizagem dos seus filhos por inúmeros motivos, muito provavelmente o índice de reprovação seja bem menor se comparado ao índice das escolas públicas (Inep, 2013a, 2013b).

Como podemos perceber ao longo dessa discussão, grande parte das escolas ainda conta com a organização seriada, apesar de esta ser questionada por teóricos, que defendem a proposta de ciclos como correta e mais avançada, por possibilitar o atendimento ao processo de formação humana em tempos diferenciados dos organizados pela escola seriada.

A maioria das escolas públicas, apesar de terem direito garantido por lei de elaborar seu PPP e, com isso, modificar a organização curricular, aguardam definição diferenciada por parte dos governos. Caso contrário, mantém a mesma. Já as escolas privadas, apesar de não argumentarem contrariamente à proposta de ciclos, optam por manter a organização seriada, em grande parte "pela tradição de mercado" e também por estender essa organização de ensino a uma camada social mais privilegiada.

4.2 Organização curricular por ciclo

De acordo com Barretto e Mitrulis (2001), os ciclos escolares são uma forma de organização curricular definida pelos estados principalmente a partir da década de 1960. No entanto, alguns de seus princípios vêm sendo discutidos desde a década de 1920, com o objetivo de apropriar o fluxo de alunos ao seu processo de escolarização, na tentativa clara de limitar e, se possível, eliminar a reprovação escolar.

Contudo, em cada momento histórico de nosso país, a sociedade teve de refletir e buscar alternativas para suas demandas por meio da modificação de concepções pedagógicas na tentativa de viabilizar o acesso do aluno à escola, a permanência deste na instituição escolar e a oportunidade de conclusão de seus estudos.

Segundo Barretto e Mitrulis (2001, p. 119-120):

Embora já fosse admitido a título de experiência pedagógica durante os anos 60 e estivesse previsto na Lei 5.692/71, o regime de ciclos manifesta tendência crescente de expansão, especialmente a partir da nova Lei de Diretrizes e Bases da Educação Nacional. Ao flexibilizar a organização do ensino básico, a Lei 9.394/96 reitera os ciclos como uma das formas alternativas de organização da escola (art. 23), ao mesmo tempo em que dá suporte à orientação das políticas da área nessa direção. Os Parâmetros Curriculares Nacionais incidem também sobre a questão, adotando a organização em ciclos para o ensino fundamental sob o argumento de que ele torna possível a distribuição mais adequada dos conteúdos em relação à natureza do processo de aprendizagem.

Apesar da existência de pressupostos que embasam a proposta de ciclos dos debates nas escolas brasileiras desde a década de 1920, as primeiras iniciativas de implantação dessa forma de organização curricular ocorreram somente na década de 1960. As propostas começaram a ganhar evidência a partir da reforma da LDBEN nº 4.024, de 20 de dezembro de 1961 (Brasil, 1961), que ocorreu por meio da Lei nº 5.692, de 11 de agosto de 1971 (Brasil, 1971). Contudo, a crescente organização das escolas em ciclos é decorrente de fato da aprovação da LDBEN nº 9.394, que ocorreu em 1996, e da organização e grande divulgação dos Parâmetros Curriculares Nacionais (PCN) por parte do MEC.

Segundo Barretto e Mitrulis (2001, p. 103):

Os ciclos compreendem períodos de escolarização que ultrapassam as séries anuais, organizados em blocos cuja duração varia, podendo atingir até a totalidade de anos prevista para um determinado nível de ensino. Eles representam uma tentativa de superar a excessiva fragmentação do currículo que decorre do regime seriado durante o processo de escolarização. A ordenação do tempo escolar se faz em torno de unidades maiores e mais flexíveis, de forma a favorecer o trabalho com clientelas de diferentes procedências e estilos de aprendizagem, procurando assegurar que o professor e a escola não percam de vista as exigências de educação postas para o período.

As propostas de ciclos, apesar de também dividirem sua organização em tempos e espaços, buscam fazê-lo priorizando a formação humana, respeitando seus limites e possibilidades e, sobretudo, fortalecendo o princípio de avaliação contínua da aprendizagem do aluno em relação ao que está proposto inicialmente, mas observando, principalmente, a sua evolução em relação às etapas anteriores.

É fundamental ressaltarmos que, na proposta de ciclos, apesar das variações existentes, tanto na divisão dos tempos (dois ou três anos para cada ciclo) quanto nas condições de organização do trabalho pedagógico que dependem das possibilidades de cada município ou estado, a proposta busca diagnosticar as variações existentes no processo de aprendizagem, bem como tomar como base a história pessoal da escola e de sua comunidade. A organização curricular por ciclos é concebida para que se entenda o processo de aprendizagem como único para cada indivíduo, que deve atender às diferenças deste, além de ampliar as oportunidades de inclusão em uma sociedade que não prima por tal princípio.

Porém, as diferenças entre as organizações seriada e por ciclos não param por aí: outro elemento fundamental a ser destacado diz respeito diretamente ao processo de ensino-aprendizagem, que, na organização por ciclos, busca ampliar as relações existentes entre as áreas do conhecimento. Isso facilita o desenvolvimento de ações coletivas no trabalho pedagógico, propiciando a vivência mais efetiva nos espaços de gestão democrática, o que contribui para a construção de uma sociedade mais democrática.

De acordo com os índices do Inep de 2003, a organização por ciclos nas escolas brasileiras atendiam a apenas 11% da população escolar no referido período; uma parcela ainda pequena, se pensarmos que sua implementação vem ocorrendo desde meados dos anos de 1990 (Inep, 2013b).

Conforme Fernandes (2013, p. 1):

> *Segundo dados do Inep de 2005, o percentual do total de escolas brasileiras organizadas unicamente em ciclos é de 11,1% e de escolas que apresentam uma combinação de séries e ciclos, como é o caso de escolas que adotam o ciclo básico para os três anos inicias do ensino fundamental e depois organizam a escolaridade em séries, é de 7,6%. Considerando-se os dados referentes ao número de matrículas, esses percentuais sobem e encontramos 19,6% de matrículas em escolas exclusivamente organizadas em ciclos e 15,5% em escolas que adotam as duas formas de organização.*

O índice de escolas com implantação dos ciclos vem aumentando com o passar dos anos, se forem analisados principalmente o total de matrículas, pois sobe para 19,6%, e também amplia-se para 18,7%, se entendermos que as escolas estão implantando os ciclos por fases, ou seja, iniciam com ciclos de dois ou três anos e permanecem com a organização seriada nas demais etapas (Fernandes, 2013).

No entanto, é importante salientarmos outro dado que consideramos muito relevante no que diz respeito à implementação dos ciclos nas capitais brasileiras, que consiste, segundo Alves (2007, p. 7):

na situação das redes de ensino das capitais em 2005 quanto à forma de organização da escolarização do primeiro segmento do Ensino Fundamental. Das redes de ensino das capitais brasileiras, 43% possuem alguma forma de organização em ciclos. No entanto, o número de alunos estudando em escolas organizadas em ciclos é 47% maior do que o número de alunos estudando em escolas organizadas em séries nas capitais brasileiras, uma vez que as maiores redes de ensino – como as de São Paulo, Belo Horizonte, Manaus e, parcialmente, o Rio de Janeiro – estão organizadas em ciclos.

As redes ou sistemas de ensino das capitais brasileiras vêm implantando a proposta de ciclos, principalmente nos primeiros anos do ensino fundamental, em ritmo crescente. Tal característica se evidencia claramente quando constatamos que, em 2005, o número de matrículas nessa forma de organização do ensino foi 47% maior do que o número de alunos matriculados na organização seriada.

De acordo com Mattos (2004, p. 65):

As experiências de flexibilização de organização escolar nos estados de São Paulo, Santa Catarina, Rio de Janeiro, Paraná e Minas Gerais são justificadas, principalmente, por adotarem em suas respectivas reformas educacionais um conjunto de medidas de ordem política, administrativa e pedagógica muito semelhantes, com estratégias de flexibilização da organização do ensino fundamental, como alternativa importante para o enfrentamento do fracasso escolar. Estas experiências, que ganharam destaque na década de 90, no contexto dos processos de descentralização e de desconcentração, desencadearam propostas de eleição de diretores, autonomia das unidades escolares, promoção automática, progressão continuada e adoção de ciclos de aprendizagem, entre outras, recomendadas na LDBEN.

Para Soares (2005), uma das políticas que colaboraram, e muito, para o avanço do número de matrículas na organização por ciclos foi o processo de descentralização do ensino, promovido pela municipalização, que impõe aos municípios a responsabilidade de atender à população em relação ao acesso à educação infantil e ao ensino fundamental. Porém, a centralidade na expansão das matrículas na organização por ciclos, nas capitais brasileiras, não se deve unicamente ao fator *descentralização*; esse processo é decorrente de vários fatores. Segundo Alves (2007, p. 434):

> *Essas políticas são temas caros aos acadêmicos e aos gestores educacionais, que passaram a ter maior influência na política educacional a partir do processo de redemocratização do país. Ainda há espaço para avanços nesta agenda de política educacional – mais pré-escola, maior titulação de professores, mais avaliação, mais autonomia de unidades escolares e melhores formas de indicação de diretores –, mas os resultados sinalizam que o desafio de qualidade em educação não pode ser enfrentado sem alterações profundas na agenda.*

De acordo com o apresentado na citação anterior, podemos chegar à conclusão de que, além de resultado da política educacional de descentralização, a organização curricular por ciclos tem sido fortalecida por acadêmicos e, principalmente, profissionais de educação com grande influência no cenário nacional. Podemos afirmar que as capitais brasileiras são pródigas em qualidade e quantidade nesse quesito, pois possuem várias instituições de ensino superior, incluindo a grande maioria das universidades públicas.

Além disso, existe também o fortalecimento dos gestores educacionais, que passaram a ter uma ligação mais direta com a área educacional do que propriamente com a área administrativa do sistema.

Tais ações têm influenciado consideravelmente as políticas educacionais, que estão sendo modificadas para suprir as necessidades dos estudantes e valorizar os profissionais de educação. Não queremos, com isso, afirmar que essas condições já estão disponíveis nos sistemas educacionais, mas sim que existem parâmetros pensados pelas políticas públicas que caminham nessa direção, como a Resolução nº 3, de 8 de outubro de 1997 (Brasil, 1997) – legislação que orienta a elaboração de planos de carreira e incentiva a formação continuada do professor; a LDBEN/1996, que estimula a formação dos professores que ainda não possuem formação superior e estabelece a gestão democrática do ensino; a Lei nº 11.738, de 16 de julho de 2008 (Brasil, 2008), referente ao piso salarial profissional nacional; a Lei do Fundo de Manutenção e Desenvolvimento da Educação Básica e de Valorização dos Profissionais da Educação (Fundeb), que amplia a destinação de recursos para toda a educação básica (Lei nº 11.494, de 20 de junho de 2007 – Brasil, 2007);

a Proposta de Emenda à Constituição (PEC) 277/2008, que estabelece o fim da Desvinculação de Receitas da União (DRU) para a educação, deixando de existir, proporcionalmente, até o exercício de 2011, e prevê a ampliação do ensino obrigatório dos 4 aos 17 anos.

Segundo Barreto (2005, p. 166-167):

> *Não obstante, mesmo tendendo a se distanciar mais das condições requeridas por uma concepção pedagógica dos ciclos – a qual exige a continuidade do trabalho educativo e o esforço solidário da escola – é nessas escolas, e não nas organizadas em séries, que os professores se mostram mais inclinados a ter maior compromisso com o projeto pedagógico e maior envolvimento com a aprendizagem dos alunos. Provavelmente isso se explica porque a própria lógica dos ciclos contribui para desestabilizar a forma tradicional de funcionamento das escolas, ainda que não tenha conseguido deveras rompê-la radicalmente.*

A política pública de organização do ensino em ciclos vem colaborando muito com as redefinições pedagógicas nos estados e municípios, apesar de estas ainda estarem distante das condições ideais de implementação, particularmente na estrutura necessária, pois é na organização por ciclos que se percebe maior preocupação com a aprendizagem dos alunos e a efetivação do PPP.

De acordo com Barreto (2005, p. 167):

> *A despeito das adversidades, a autora aponta ainda alguns bons resultados provocados pela introdução dos ciclos junto*

aos alunos, o que reforça achados semelhantes em vários outros estudos. Coibindo a repetência, os ciclos favorecem o aumento da permanência dos alunos na escola, o avanço na progressão escolar, a diminuição do absenteísmo estudantil e a sensibilização dos docentes em relação às necessidades diferenciadas de aprendizagem dos alunos. Estes beneficiam-se ainda pelo fato de que os espaços de socialização passam a ser mais a escola e menos a rua, o que parece ser especialmente importante para crianças e adolescentes moradores de áreas com maior violência.

Apesar das críticas às quais normalmente a organização em ciclos é submetida – em grande maioria sem fundamentação – e das adversidades estruturais, essa forma de estruturação escolar tem atingido bons resultados e, principalmente, tem contribuído para o aumento da permanência e continuidade dos alunos nos estudos e a diminuição da evasão escolar. Além disso, tem suscitado amplas reflexões e modificações no comportamento dos professores em relação ao processo de avaliação educacional.

Para Fernandes (2013, p. 8), "a escola em ciclos solicita ao professor uma inversão da lógica quanto à avaliação". Por isso, as escolas que adotaram os ciclos vêm aprofundando cada vez mais a sua compreensão sobre o processo de avaliação diagnóstica, contínua e cumulativa, que pretende observar o desenvolvimento dos alunos, bem como reorientar o trabalho pedagógico com o objetivo de atender às dificuldades de aprendizagem apresentadas individualmente pelos estudantes.

Neste ponto do texto, é importante salientarmos que a escola seriada também vem há muito tempo debatendo sua concepção de avaliação. No entanto, o que podemos apontar é que sua prática avaliativa não traduz tal realidade; a avaliação, em grande parte das escolas, não tem o objetivo de diagnosticar o desempenho do aluno, muito menos o de orientar a reorganização do trabalho pedagógico – ela é tão somente realizada por meio de provas ao final dos bimestres ou trimestres e continua tendo caráter seletivo.

Por isso, a organização curricular por ciclos deve ser analisada profundamente para que novos diálogos sejam estabelecidos e novos conceitos elaborados, pois temos uma certeza: a organização curricular seriada não atende, em sua maioria, aos pressupostos que elencamos no início do texto – toda política educacional deve o acesso à educação, à permanência dos alunos nas escolas e à conclusão de estudos em tempo hábil.

Os profissionais da educação não podem ver com tranquilidade o fato de que, em média, a população brasileira leve 12 anos para concluir o único nível de ensino obrigatório – o ensino fundamental –, que passou de oito para nove anos de duração após a aprovação da Lei nº 11.274, de 6 de fevereiro de 2006 (Brasil, 2006a).

4.3 Outras formas de organização curricular

Como destacamos anteriormente, o art. 23 da LDBEN/1996 preconiza que outras formas de organização curricular além das existentes são permitidas, desde que atendam ao interesse do processo de ensino-aprendizagem. As mais utilizadas, já descritas nos itens anteriores, são as formas seriada e ciclada.

Não temos a intenção de enfatizar as outras formas de organização curricular brevemente citadas neste texto (por temas, projetos e complexos temáticos). No entanto, descreveremos alguns dos aspectos principais que caracterizam esses tipos de estruturação curricular.

4.3.1 Organização por complexos temáticos

A organização do ensino por complexos temáticos é um dos eixos principais da obra de Pistrak (2000) e dos fundamentos da escola do trabalho. Segundo Caldart, citado por Pistrak (2000, p. 9), "os três aspectos centrais da obra de Pistrak que são objeto de discussão dos educadores: as reflexões sobre a relação entre escola e trabalho; a proposta de auto-organização dos estudantes; e a organização do ensino através do sistema de complexos temáticos". Ainda segundo Pistrak (2000, p. 134), "o objetivo do esquema de programa oficial é ajudar o aluno a compreender a realidade atual de um ponto de vista marxista, isto é, estudá-la do ponto de vista dinâmico e não estático".

De acordo com o autor, é preciso pensar uma série de questões de ordem prática para o bom funcionamento do sistema de complexos temáticos, a saber (Pistrak, 2000, p. 134):

> *primeiro, a escolha do objeto do complexo (tema do complexo) e a relação entre os complexos; segundo, a forma de estudar cada tema de complexo; terceiro, a organização do ensino segundo o sistema dos complexos; quarto, a organização do*

trabalho das crianças para o estudo dos temas segundo o sistema dos complexos. Trata-se, na mesma medida, de questões de ordem metodológica e de questões de pedagogia social.

Portanto, para que a organização curricular se dê por complexos temáticos, o tema deve ser escolhido segundo os objetivos da escola. O critério para seleção dos temas do complexo deve ser procurado no plano social, e não no plano meramente pedagógico. O complexo deve ter significado relevante no âmbito social e o estudo deve explicitar as diversas relações existentes entre os mais variados fenômenos, ou seja, balizar-se no método dialético. Essa construção busca possibilitar ao aluno a compreensão do real.

Ainda conforme o referido autor (Pistrak, 2000), com base na compreensão do método dialético, o aluno deixa de considerar o complexo como uma boa técnica de ensino e passa a entendê-lo como um sistema de organização da realidade.

De acordo com Pistrak (2000, p. 135), a escolha do objeto do complexo deve ser determinada por um fenômeno "de grande importância e de alto valor, enquanto meio de desenvolvimento da compreensão das crianças sobre a realidade atual". A forma de estudar cada tema de complexo pode ser analisada de duas maneiras: como um assunto delimitado ou como um assunto principal encadeado por múltiplas relações.

Do ponto de vista marxista, a organização do ensino segundo o sistema dos complexos é a única forma capaz de estudar as disciplinas do ensino. A estruturação do trabalho das crianças para o estudo dos temas, segundo o sistema dos complexos, só tem sentido e valor na medida em que for compreendida por elas, pois, ainda de acordo com as ideias de Pistrak (2000, p. 151), se a organização está "apenas presente no papel ou no espírito do pedagogo, ou está bem organizada no papel, e se o encadeamento interno do ensino não é evidente para os alunos, é melhor renunciar ao complexo".

Portanto, para que os complexos se efetivem, é fundamental que os alunos tenham domínio sobre a forma de organização e compreendam a importância da auto-organização desse sistema na atividade social da escola. Atendidas essas exigências, o trabalho passa a ser possível. Para tanto, é necessário escolher um tema de "alto valor", que possua um significado real e possibilite múltiplas relações entre os demais temas, ou seja, eles precisam estar inter-relacionados.

4.3.2 Organização por temas geradores

A organização curricular por temas geradores é baseada em Freire (1996, 2005) e tem várias semelhanças com a organização por complexos temáticos, principalmente por orientar-se por uma proposta metodológica que se fundamenta na dialogicidade, teoria dialética do conhecimento. Os temas são escolhidos com base nas experiências de vida da população local, tais como vivências adquiridas na família, no trabalho e nas atividades religiosas, políticas e recreativas.

Escolhido o tema gerador geral, este se torna a base para o trabalho em cada uma das áreas do conhecimento e, ao mesmo tempo, gera possibilidades de relacionamento entre elas. Para tanto, os professores, caso entendam ser necessário, poderão lançar mão de novas palavras que possuam significado tanto para as disciplinas quanto para os alunos e auxiliem no desenvolvimento do trabalho.

Portanto, a intenção do tema gerador é a de possibilitar o enriquecimento cultural dos alunos por meio do entrelaçamento das áreas do conhecimento, o que possibilita a compreensão da sua realidade social com base em conhecimentos realmente significativos, ou seja, presentes no seu dia a dia.

Freire (2005) entende que a base do trabalho com o tema gerador inicia-se pela compreensão por parte dos alunos de que o diálogo define o caminho a ser seguido e que é por meio dele que o professor busca a superação do ponto de partida do estudante, com devolução organizada e sistematizada dos elementos que este entregou de forma desestruturada.

> Os temas são escolhidos com base nas experiências de vida da população local, tais como vivências adquiridas na família, no trabalho e nas atividades religiosas, políticas e recreativas.

Para Freire (2005, p. 100), "será a partir da situação presente, existencial, concreta, refletindo o conjunto de aspirações do povo, que poderemos organizar o conteúdo programático da educação ou da ação política". É nesse momento de diálogo como prática de liberdade que se constitui o que o autor chama de *universo temático*, o conjunto dos temas geradores.

Conforme Freire (2005, p. 108), "Os temas se encontram, em última análise, de um lado, envolvidos, de outro, envolvendo as 'situações-limites', enquanto as tarefas que eles implicam, quando cumpridas, constituem os 'atos-limites'". Enquanto os temas não sofrem essa superposição de estarem envoltos ou envolvendo situações-limite, as respostas não ocorrem de forma autêntica ou crítica. Nesse caso específico, os temas passam a ser encobertos por situações-limite, as quais "se apresentam aos homens como se fossem determinantes históricas, esmagadoras, em face as quais não lhe cabe alternativas senão adaptar-se" (Freire, 2005, p. 108).

No momento em que os seres humanos passam a ver as situações-limite como fronteiras a serem superadas, sua percepção torna-se cada vez mais crítica, o que Freire (2005, p. 108) denomina *inédito viável*, ou seja, uma situação predefinida, pronta, que corresponderá a uma determinada ação.

Para Freire (2005), cabe ao educador, por meio do diálogo, desenvolver um trabalho coletivo que promova o inter-relacionamento entre as áreas do conhecimento de forma problematizadora. Segundo o autor: "Se, na etapa da alfabetização, a educação problematizadora e da comunicação busca e investiga a 'palavra geradora', na pós-alfabetização, busca e investiga o tema gerador" (Freire, 2005, p. 119).

A intenção de Freire (2005) ao propor a organização do o trabalho pedagógico por complexos temáticos não é outra senão promover a educação dialógica, salientando a importância de estabelecer um vínculo claro com a realidade social em que a escola está inserida e provocar inquietações constantes, tanto no professor como no aluno, durante o processo de relacionamento com o conhecimento.

4.3.3 Organização por projetos

A organização curricular por projetos tem por objetivo modificar a forma como a escola vem realizando o seu trabalho na atualidade. Ressignificar a instituição de ensino em busca de melhoria nas relações pedagógicas é fundamental para a transformação desse estabelecimento em um espaço vivo de interações, aberto ao real e às suas múltiplas dimensões.

Essa organização tem origem nas ideias de John Dewey (1859-1952), filósofo e pedagogo norte-americano que defendia a relação da vida com a sociedade, dos meios com os fins e da teoria com a prática. Em outras palavras, para esse autor, a educação é um processo que ocorre ao longo da vida e a escola deve propiciar um espaço tão real e vital para o aluno quanto o de sua casa.

Segundo Amaral (2000, p. 2):

> Para Freire (2005, p. 100), "será a partir da situação presente, existencial, concreta, refletindo o conjunto de aspirações do povo, que poderemos organizar o conteúdo programático da educação ou da ação política". É nesse momento de diálogo como prática de liberdade que se constitui o que o autor chama de *universo temático*, o conjunto dos temas geradores.

> O *"Método de Projetos"* tornou-se conhecido no Brasil a partir da divulgação do movimento conhecido como *"Escola Nova"*, contrapondo-se aos princípios e métodos da escola tradicional. Esse movimento foi fruto das pesquisas de grandes educadores europeus como Montessori, Decroly, Claparède, Ferrière e outros, e teve, na América do Norte, dois grandes representantes: John Dewey e seu discípulo, William Kilpatrick.

De acordo com Amaral (2000), os projetos são marcados por uma flexibilidade no seu encaminhamento que depende muito da forma como o trabalho se desenvolve. No entanto, isso não significa que não deva haver um planejamento, pois este é fundamental para que o resultado esperado seja alcançado, ou seja, a aprendizagem. Ao planejarmos, devemos levar em consideração três grandes momentos que caracterizam todo o projeto: a problematização, o desenvolvimento e a conclusão.

De acordo com Hernández e Ventura (1998, p. 64), a organização por projetos é uma alternativa viável e propicia uma reflexão sobre o processo de "globalização e significatividade [...], dois aspectos essenciais que se plasmam nos Projetos".

As mudanças ocorridas em nossa sociedade requerem modificações na forma de a escola entender e interpretar a realidade sociocultural em que está envolvida. O processo de globalização amplia-se, as relações sociais são diferentes e as transformações tecnológicas ocorrem de forma cada vez mais rápida.

Portanto, a organização do trabalho escolar, para que este atenda às atuais demandas do processo pedagógico, é fundamental, pois, dessa forma, busca-se uma nova relação de professores e alunos com o processo de ensino-aprendizagem e o diferencia do trabalho realizado pelas disciplinas tradicionais. Nesse sentido, o ato de aprender passa a ser ressignificado e não contempla mais somente a memorização de conhecimentos, constituindo-se em um ato de conscientização e conhecimento da realidade.

Ensinar deixa de ser apenas transmitir informações e conhecimentos acumulados pela humanidade e passa a ser, além disso, um processo de diálogo em que é preciso provocar e mobilizar o aluno em sua interação com a realidade.

Segundo Hernández e Ventura (1998, p. 62):

> *A função do projeto é favorecer a criação de estratégias de organização dos conhecimentos escolares em relação a: 1) o tratamento da informação, e 2) a relação entre os diferentes conteúdos em torno de problemas ou hipóteses que facilitem aos alunos a construção de seus conhecimentos, a transformação da informação procedente dos diferentes saberes disciplinares em conhecimentos próprios.*

Para trabalharmos com essa organização do ensino, é preciso saber que todo conhecimento é construído em sintonia com o contexto social dos alunos, em que os aspectos sociais, econômicos, políticos e culturais devem ser valorizados. Isso porque a formação do aluno é um processo integral e complexo, em que o conhecer possibilita intervenções e, quem sabe, modificações na realidade.

A organização curricular por projetos não se apresenta como uma técnica de ensino mais atrativa para os alunos, mas como uma concepção pedagógica que visa desenvolver uma atividade intencional e possui um conjunto de tarefas que incitam ao progressivo envolvimento individual e social do aluno ou do coletivo nas atividades desenvolvidas, estimulando a compreensão destes acerca da totalidade das relações a que estão submetidos.

Síntese

Este capítulo apontou os desafios propostos não só aos pedagogos, mas a todos os profissionais em educação, para o presente e para o futuro, principalmente da escola pública, ao refletir mais especificamente sobre as diferentes formas de organização do ensino da educação básica descritas pela LDBEN/1996. As principais formas de organização curricular descritas neste capítulo foram: seriada, por ciclos, por complexos temáticos, por temas geradores e por projetos.

Reforçamos a ideia de que a função do pedagogo é a de coordenar as ações que levarão os profissionais da educação, principalmente os professores, a definirem coletivamente os rumos do PPP da escola. Após essas ações serem devidamente efetivadas, é fundamental a promoção de atividades educacionais de planejamento, execução e avaliação, em busca da oferta de uma educação de qualidade à população.

> As mudanças ocorridas em nossa sociedade requerem modificações na forma de a escola entender e interpretar a realidade sociocultural em que está envolvida. O processo de globalização amplia-se, as relações sociais são diferentes e as transformações tecnológicas ocorrem de forma cada vez mais rápida.

Afirmamos que a organização curricular seriada é seletiva e não atende às necessidades dos alunos quando estes apresentam dificuldades no processo de ensino-aprendizagem. Isso porque, em média, a população brasileira precisa de 12 anos para concluir o ensino fundamental, com nove anos de duração.

Finalmente, apontamos a necessidade da promoção de debates contínuos que permitam aos profissionais compreenderem a concepção da organização curricular por ciclos, bem como ressaltamos a importância de os profissionais da educação estarem dispostos ao diálogo para, quem sabe, rever seus conceitos sobre essa forma de organização do ensino e, assim, juntos, caminharem rumo à efetivação de uma política educacional que cumpra com a finalidade de garantir o acesso à educação, a permanência dos alunos na escola e a conclusão de estudos em tempo hábil.

Indicações culturais

DEUS é brasileiro. Direção: Cacá Diegues. Produção: Renata de Almeida Magalhães. Brasil: Columbia Tristar Filmes do Brasil, 2003. 110 min.

Cansado de tantos erros cometidos pela humanidade, Deus (Antônio Fagundes) resolve tirar umas férias dela, decidindo ir descansar em alguma estrela distante. Para tanto, precisa encontrar um substituto para ficar em seu lugar enquanto estiver fora. Deus resolve, então, procurá-lo no Brasil, país tão religioso, mas que ainda não tem um santo seu reconhecido oficialmente. O guia que auxilia Deus em sua busca é Taoca (Wagner Moura), um esperto pescador que vê em seu encontro com o Todo-Poderoso sua grande chance de se livrar dos problemas pessoais. Juntos, eles rodarão o Brasil em busca do substituto ideal.

O filme traz um retrato da realidade social brasileira, nas suas mais variadas regiões. Ao analisar essa realidade, podemos realizar inferências sobre como funciona a escola, principalmente a pública, em realidades tão diferentes.

Quantas vezes você já ouviu alguém dizendo que "Deus é brasileiro"? Será que de fato ele é? Com base em que poderíamos realizar tal afirmação? Tais perguntas não precisam ser respondidas. No entanto, qual a realidade das escolas públicas brasileiras? Essa pergunta, sim, merece ser apreciada por cada um de nós com base nos dados da realidade de cada região e respondida de fato, pois a realidade da educação brasileira diz respeito a cada um de nós e ao conjunto da sociedade; caso ela careça de qualidade, é preciso, além das ações do Estado, uma organização coletiva que exija melhores condições para a escola.

ESCRITORES da liberdade. Direção: Richard LaGravenese. Produção: Danny DeVito, Michael Shamberg e Stacey Sher. EUA: Paramount Pictures, 2007. 122 min.

A professora Erin Gruwell (Hilary Swank) vai parar em uma escola que reúne adolescentes criados em meio a tiroteios e agressividade e é corrompida pela violência e tensão racial. A professora precisa combater um sistema deficiente, lutando para que a sala de aula faça a diferença na vida dos estudantes; para isso, ela oferece o que eles mais precisam: uma voz própria.

O filme possibilita, além de outras interpretações, as seguintes reflexões: Quem somos? Quem são as pessoas com as quais interagimos boa parte do dia? Com que profundidade conhecemos nossos colegas de trabalho?

Para além desses questionamentos, podemos ainda nos perguntar: Quais são as informações que possuímos a respeito de nossos alunos? Normalmente, temos apenas uma visão superficial e pouco clara da maior parte dos relacionamentos que estabelecemos ao longo de nossa existência. Será que estamos

> preocupados com isso? Outras duas perguntas que podemos realizar, no mínimo, são: Conhecemos profundamente as razões pelas quais a organização curricular da escola está estruturada da maneira como estamos acostumados? Conhecemos outras formas de organização curricular que possibilitem à escola trabalhar de forma diversa da usual e, assim, oferecer maiores condições de aprendizagem às crianças?

Atividades de autoavaliação

1. Considerando os dispositivos da LDBEN/1996 em relação à educação básica, assinale as alternativas a seguir com V (verdadeiro) ou F (falso):
   ( ) É formada pela educação infantil, pelo ensino fundamental e pela educação de jovens e adultos.
   ( ) Deve incluir a difusão de valores fundamentais ao interesse social como diretriz para os conteúdos curriculares.
   ( ) Pode organizar-se em séries, ciclos, períodos ou por forma diversa, desde que contemple o interesse da aprendizagem.
   ( ) A organização curricular pode ser idealizada de tal forma que possibilite inserir elementos da realidade local de cada região.
   ( ) As atividades relacionadas à prática da educação física, seja ela formal ou não, não devem estar incluídas no currículo.

A seguir, marque a alternativa que corresponde à ordem correta:
a. F, V, V, V, F.
b. V, F, V, V, F.
c. F, V, F, V, F.
d. F, F, V, F, V.

2. A organização de uma proposta curricular em ciclos de formação pressupõe a organização de um ensino que vise à aprendizagem efetiva de todos. Em uma perspectiva de compromisso com a qualidade da escola, a implantação dos ciclos requer medidas de apoio pedagógico-administrativo. Assinale as afirmativas que correspondem a esse tipo de medida:
   I. Estabelecimento de horário de trabalho coletivo.
   II. Gestão democrática.
   III. Atendimento ao aluno com dificuldades.
   IV. Condições de infraestrutura.
   V. Rediscussão da proposta curricular.

   Marque a opção que indica as afirmativas corretas:
   a. I, II, III e V.
   b. I, III, IV e V.
   c. I, IV e V.
   d. I, II, III, IV e V.

3. De acordo com Eyng (2007), a reflexão sobre a possibilidade ou a necessidade de mudança na forma de organização curricular deve contar com a distinção entre as características da organização correspondente às teorias conservadoras (linear)

ou a uma concepção transformadora (integrada). Com base nesse princípio, indique as afirmativas verdadeiras (V) e as falsas (F) em relação à concepção transformadora (integrada) de organização curricular.

( ) A ênfase está na produção do conhecimento interdisciplinar.
( ) A construção de conhecimento significativo é mediado pela realidade.
( ) Não existe inter-relação entre teoria e prática.
( ) O currículo é organizado em disciplinas e não permite a superação da fragmentação.
( ) Os conteúdos selecionados para reflexão são os nucleares e os que permitem atualidade formativa.

A seguir, marque a alternativa que corresponde à sequência correta:
a. V, V, F, V, V.
b. V, F, V, F, V.
c. V, V, F, F, V.
d. F, V, F, V, F.

4. No processo de implantação do ciclo, é importante que o pedagogo esteja atento a alguns equívocos que podem acontecer e comprometer a efetivação desse processo. Por exemplo, diante da eliminação da reprovação, assinale qual das alternativas não seria um equívoco:
a. Deslocamento da reprovação para o fim dos ciclos.
b. Revisão da concepção de conhecimento, aprendizagem, desenvolvimento, ocupação dos espaços e dos tempos.

c. Entendimento por parte do professor de que não é mais necessário avaliar.

d. Esperar pouco do aluno, sabendo que ele tem mais tempo para aprender.

5. Apesar dos debates relacionados à proposta dos ciclos realizados nas escolas brasileiras desde a década de 1920, as primeiras iniciativas relacionadas a essa reestruturação ocorreram somente na década de 1960. Contudo, as propostas começaram a ganhar evidência a partir da reforma da LDBEN/1961, que ocorreu por meio da Lei nº 5.692/1971. No entanto, a crescente organização das escolas em ciclos é decorrente de fato da aprovação da LDBEN/1996 e da organização e grande divulgação dos PCN por parte do MEC. A respeito que foi anteriormente citado, identifique as afirmações verdadeiras (V) e as falsas (F).

( ) É uma forma de organização curricular que não atende aos pressupostos que elencamos no texto – toda política educacional deve cumprir a sua finalidade de garantir o acesso à educação, a permanência dos alunos na escola e a conclusão de estudos em tempo hábil.

( ) Os ciclos podem ser organizados em etapas distintas, cuja duração pode variar de dois a três anos, podendo até mesmo durar o correspondente ao total de anos previsto para a conclusão do nível de ensino.

( ) A organização do tempo escolar é pensada para atender às crianças em suas diferenças, pois os ritmos de aprendizagem são diferentes para cada aluno. Essa iniciativa possibilita ao professor o atendimento às necessidades individuais sem perder de vista os objetivos traçados pela escola para o período.

( ) A organização curricular por ciclos tem sido fortalecida por acadêmicos e, principalmente, por profissionais de educação com grande influência no cenário nacional, e boa parte das capitais brasileiras já adotou esse tipo de organização.

( ) Os ciclos compreendem a períodos letivos anuais e são organizados em forma de disciplinas.

A seguir, marque a alternativa que corresponde à sequência correta:

a. V, V, F, V, V.
b. V, F, V, F, V.
c. F, V, V, V, F.
d. F, V, F, V, F.

Atividades de aprendizagem

Questões para reflexão

1. Aprofunde seus conhecimentos sobre a organização curricular por ciclos, realizando a leitura do seguinte texto:

BARRETO, E. S. de S. Ciclos como medidas políticas que incrementam o percurso na escola obrigatória. O público e o privado, Fortaleza, n. 3, p. 159-175, jan./jun. 2005.

Após a leitura do texto, responda às seguintes questões: O Brasil apresenta melhores índices de desenvolvimento, se comparado à maioria dos países latino-americanos?

( ) Sim ( ) Não

Depois de responder à pergunta, aponte alguns dos principais problemas enfrentados pelo Brasil a partir dos anos de 1970, em matéria de educação, e que fazem com que os indicadores educacionais do país não correspondam ao seu índice de desenvolvimento.

2. Explique o que ocorre na dinâmica do processo avaliativo nas escolas que implantam a organização curricular por ciclos.

Atividade aplicada: prática

Procure conhecer uma escola em sua cidade que conte com a organização por ciclos e converse com o pedagogo ou com um professor da instituição. Colha suas impressões sobre essa forma de estruturação curricular e procure investigar qual era a forma de organização curricular anterior do estabelecimento e o que de fato mudou na escola com a modificação realizada.

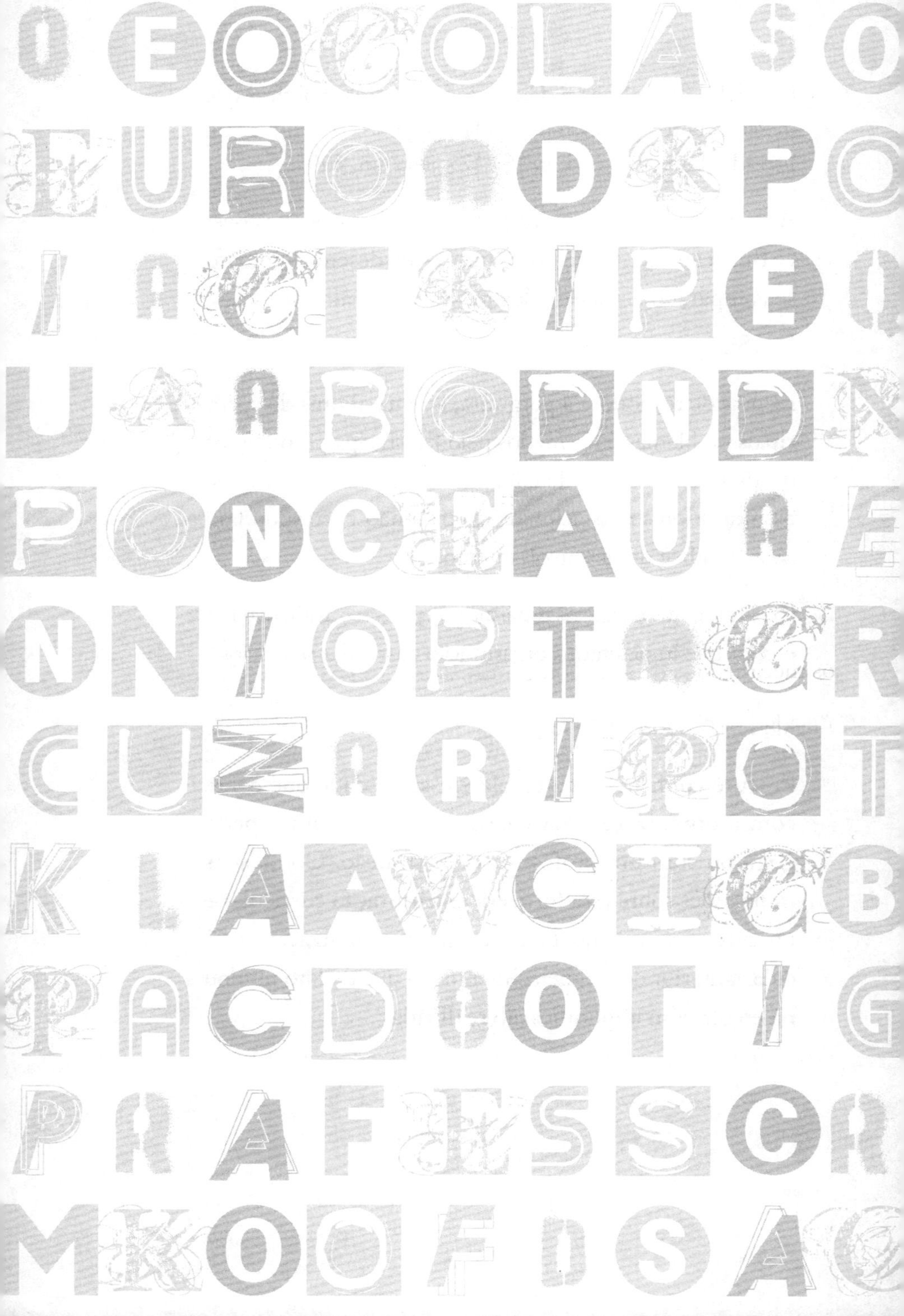

CONSIDERAÇÕES FINAIS

Gostaríamos de salientar que as análises realizadas no presente livro sobre a legislação, a gestão democrática, os mecanismos de ação colegiada e as várias possibilidades de organização do ensino foram pensadas e organizadas tendo como pressuposto o atual contexto social, econômico e político das iniciativas públicas educacionais. E não poderia ser de forma diferente.

Mas, afinal de contas, como compreendemos o contexto das atuais políticas públicas? Nosso entendimento é o de que, principalmente nas duas últimas décadas, as definições públicas educacionais têm sofrido interferência direta de organismos internacionais, impregnados por fundamentos neoliberais, fato que atinge todas as esferas da sociedade brasileira.

É preciso enfatizarmos também que a sociedade, por sua vez, não pode ser entendida se desvinculada de seu caráter classista, desigual e injusto e permeada pelas contradições do próprio capitalismo, que tem como característica, no atual momento histórico, a presença de um Estado cada vez mais descomprometido com a esfera pública da sociedade. Ao mesmo tempo, o capitalismo é altamente comprometido com os interesses do mercado, demonstrando-se plenamente intervencionista nesse âmbito.

Novos dispositivos legais foram incorporados na LDBEN/1996 ("Art. 2º A educação, dever da família e do Estado [...]") que, "em tese", relativizam o papel do Estado, principalmente em relação ao seu dever de oferecer acesso à educação, pois ocorre aí a inversão do princípio constitucional ("Art. 205. A educação, direito de todos e dever do Estado e da família [...]"). A referida lei estimula os municípios a constituírem os sistemas municipais de ensino por meio de definições claras – arts. 11, 14, 15 e 18 – e propõe maior autonomia às escolas, nos arts. 12 e 13.

Assinalamos em nossa discussão as contradições dessas redefinições, pois a legislação contempla princípios sólidos que orientam o sistema educacional na direção da valorização da formação humana integral e, principalmente, aponta a "possibilidade" de maior participação dos diferentes segmentos na gestão escolar e nas definições das políticas educacionais. Esse pressuposto se efetiva no momento em que os diversos segmentos da sociedade buscam uma gestão verdadeiramente democrática e comprometida com os interesses da maioria da população, interessada na transformação e não na manutenção das relações sociais desiguais, injustas e excludentes postas atualmente, o que, sem dúvida alguma, é caracterizada por uma postura que se opõe aos princípios do neoliberalismo.

Uma vez que existe a possibilidade de mudança, não sendo a realidade imutável, cabe a todos nós, mas, principalmente, aos profissionais da educação, a vontade de caminhar em direção contrária à situação da educação em nosso país.

Se entendemos que a educação de qualidade social é um dos princípios fundamentais que possibilitam o avanço dessa sociedade em direção à melhoria das condições de vida para toda a população, é necessário que a coletividade se organize para tal.

A participação é um tema que tem ganhado força cada vez maior na pauta de reivindicações populares, não apenas como direito formal exercido de forma indireta na escolha dos dirigentes, mas em compreensão ampla, como o sentido e a prática da cidadania participativa. É uma aspiração antiga, longamente reprimida no decorrer de nossa história, mas que constitui o núcleo da resistência ao centralismo, ao burocratismo e ao dogmatismo, características marcantes da atuação do Estado brasileiro. Ligada a esse tema, surge a consciência de que uma nova ética deve presidir a gestão pública – ética balizada pela participação e pela responsabilidade.

Não podemos deixar de destacar que as relações de poder têm um caráter educativo, tanto no sentido de reforçar práticas autoritárias e clientelistas como no de firmar políticas democráticas. É partindo da valorização da representação democrática em todos os níveis, incluindo o da escola, que poderemos recompor as relações de poder na sociedade brasileira, abrindo espaço para a participação e o consenso democrático, assegurando tais práticas como direitos referentes ao exercício da cidadania que devem ser consolidados institucionalmente.

Se a educação não pode tudo, com certeza pode alguma coisa. É evidente que a educação sozinha não consegue promover todas as mudanças que desejamos – é preciso apoio das demais instituições que compõem a nossa sociedade. No entanto, afirmamos que seu papel é fundamental na formação do cidadão, pois somente com uma população altamente esclarecida sobre as reais condições sociais em que vive é que poderemos vislumbrar modificações substanciais em nossa organização social.

Portanto, é nessa direção que convidamos vocês, profissionais de educação, a se abrirem ao diálogo e a se libertarem de seus preconceitos, para juntos caminharmos em direção a uma educação de verdadeira qualidade social.

REFERÊNCIAS

ALVES, F. Organização do ensino fundamental em ciclos: contextos e desafios. Revista Contemporânea de Educação, Rio de Janeiro, v. 2, n. 4, jul./dez. 2007. Disponível em: <http://www.revistacontemporanea.fe.ufrj.br/index.php/contemporanea/article/viewFile/36/30>. Acesso em: 26 nov. 2013.

AMARAL, A. L. Conflito conteúdo/forma em pedagogias inovadoras: a pedagogia de projetos na implantação da escola plural. In: REUNIÃO ANUAL DA ASSOCIAÇÃO NACIONAL DE PÓS-GRADUAÇÃO E PESQUISA EM EDUCAÇÃO, 23., 2000, Minas Gerais. Anais... Minas Gerais, 2000. Disponível em: <http://www.anped.org.br/reunioes/23/textos/0403t.PDF>. Acesso em: 26 nov. 2013.

BARRETO, E. S. de S. Ciclos como medidas políticas que incrementam o percurso na escola obrigatória. O público e o privado, Fortaleza, n. 3, p. 159-175, jan./jun. 2005.

BARRETO, E.S. de S; MITRULIS, E. Trajetória e desafios dos ciclos escolares no país. Estudos Avançados, São Paulo, v. 15, n. 42, p. 103-140, maio/ago. 2001. Disponível em: <http://www.scielo.br/scielo.php?pid=50103-401420010002000038-script=sci_arttext>. Acesso em: 26 nov. 2013.

BRASIL. Constituição (1988). Diário Oficial da União, Poder Legislativo, Brasília, DF, 5 out. 1988. Disponível em: <http://www.planalto.gov.br/ccivil_03/constituicao/constituicao.htm>. Acesso em: 26 nov. 2013.

_____. Constituição (1988). Emenda Constitucional n. 59, de 11 de novembro de 2009. Diário Oficial da União, Poder Legislativo, Brasília, DF, 12 nov. 2009. Disponível em: <http://www.planalto.gov.br/ccivil_03/Constituicao/Emendas/Emc/emc59.htm>. Acesso em: 26 nov. 2013.

_____. Lei n. 4.024, de 20 de dezembro de 1961. Diário Oficial da União, Poder Legislativo, Brasília, DF, 27 dez. 1961. Disponível em: <http://www.planalto.gov.br/ccivil_03/LEIS/L4024.htm>. Acesso em: 26 nov. 2013.

_____. Lei n. 5.692, de 11 de agosto de 1971. Diário Oficial da União, Poder Legislativo, Brasília, DF, 12 ago. 1971. Disponível em: <http://www.planalto.gov.br/ccivil_03/leis/l5692.htm>. Acesso em: 26 nov. 2013.

_____. Lei n. 7.398, de 4 de novembro de 1985. Diário Oficial da União, Poder Legislativo, Brasília, DF, 4 nov. 1985. Disponível em: <http://www.planalto.gov.br/ccivil_03/LEIS/L7398.htm>. Acesso em: 26 nov. 2013.

_____. Lei n. 8.069, de 13 de julho de 1990. Diário Oficial da União, Poder Legislativo, Brasília, DF, 16 jul. 1990. Disponível em: <http://www.planalto.gov.br/ccivil_03/LEIS/L8069.htm>. Acesso em: 26 nov. 2013.

BRASIL. Lei n. 9.394, de 20 de dezembro de 1996. Diário Oficial da União, Poder Legislativo, Brasília, DF, 23 dez. 1996. Disponível em: <http://www.planalto.gov.br/ccivil_03/LEIS/l9394.htm>. Acesso em: 26 nov. 2013.

_____. Lei n. 11.096, de 13 de janeiro de 2005. Diário Oficial da União, Poder Legislativo, Brasília, DF, 14 jan. 2005. Disponível em: <http://www.planalto.gov.br/ccivil_03/_Ato2004-2006/2005/Lei/L11096.htm>. Acesso em: 26 nov. 2013.

_____. Lei n. 11.274, de 6 de fevereiro de 2006. Diário Oficial da União, Poder Legislativo, Brasília, DF, 7 fev. 2006a. Disponível em: <http://www.planalto.gov.br/ccivil_03/_Ato2004-2006/2006/Lei/L11274.htm>. Acesso em: 26 nov. 2013.

_____. Lei n. 11.494, de 20 de junho de 2007. Diário Oficial da União, Poder Legislativo, Brasília, DF, 21 jun. 2007. Disponível em: <http://www.planalto.gov.br/ccivil_03/_Ato2007-2010/2007/Lei/L11494.htm>. Acesso em: 26 nov. 2013.

_____. Lei n. 11.738, de 16 de julho de 2008. Diário Oficial da União, Poder Legislativo, Brasília, DF, 17 jul. 2008. Disponível em: <http://www.planalto.gov.br/ccivil_03/_Ato2007-2010/2008/Lei/L11738.htm>. Acesso em: 26 nov. 2013.

_____. Lei n. 12.796, de 4 de abril de 2013. Diário Oficial da União, Poder Legislativo, Brasília, DF, 5 abr. 2013. Disponível em: <http://www.planalto.gov.br/ccivil_03/_Ato2011-2014/2013/Lei/L12796.htm>. Acesso em: 25 nov. 2013.

BRASIL. Câmara dos Deputados. Projeto de Lei n. 6.993, de 2006. Acrescenta inciso ao art. 12 e ao art. 14 da Lei nº 9.394, de

20 de dezembro de 1996, que "Estabelece as diretrizes e bases da educação nacional", para assegurar a liberdade de organização das entidades representativas de estudantes. Disponível em: <http://www.camara.gov.br/sileg/integras/566340.pdf>. Acesso em: 26 nov. 2013. Texto original.

BRASIL. Ministério da Educação. Conselho Nacional de Educação. Conselho Pleno. Resolução CNE/CP n. 1, de 15 de maio de 2006. Diário Oficial da União, Poder Legislativo, Brasília, DF, 16 maio 2006b. Disponível em: <portal.mec.gov.br/cne/arquivos/pdf/rcp01_06.pdf>. Acesso em: 26 nov. 2013.

BRASIL. Resolução n. 3, de 8 de outubro de 1997. Diário Oficial da União, Poder Legislativo, Brasília, DF, 13 out. 1997. Disponível em: <http://portal.mec.gov.br/cne/arquivos/pdf/CEB0397.pdf>. Acesso em: 26 nov. 2013.

CM Newsletter. Educação aprova garantia para entidades estudantis na LDB. 28 de maio 2008. Disponível em: <http://newscmconsultoria.com.br/vis_impressao.php?dados=28/05/2008>. Acesso em: 3 dez. 2013.

COUTINHO, C. N. Democracia e socialismo: questões de princípio & contexto brasileiro. São Paulo: Cortez; Campinas: Autores Associados, 1992.

DOURADO, L. F. A escolha de dirigentes escolares: políticas e gestão da educação no Brasil. In: FERREIRA, N. S. C. (Org.). Gestão democrática da educação: atuais tendências, novos desafios. São Paulo: Cortez, 1998. p. 77-95.

EYNG, A. M. Currículo escolar. Curitiba: Ibpex, 2007.

FERNANDES, C. de O. A organização da escolaridade em ciclos: impactos na escola. Disponível em: <http://www.anped.

org.br/reunioes/30ra/trabalhos/GT13-3285--Int.pdf>. Acesso em: 26 nov. 2013.

FONSECA, M. O banco mundial e a gestão da educação brasileira. In: OLIVEIRA, D. A. (Org.). Gestão democrática da educação: desafios contemporâneos. Petrópolis: Vozes, 1997.

FREIRE, P. Pedagogia da autonomia: saberes necessários à prática educativa. São Paulo: Paz e Terra, 1996.

_____. Pedagogia do oprimido. 42. ed. Rio de Janeiro: Paz e Terra, 2005.

GADOTTI, M.; ROMÃO, J. E. (Org.). Autonomia da escola: princípios e propostas. São Paulo: Cortez, 1997.

GARCIA, R. L. Um currículo a favor dos alunos das classes populares. Cadernos Cedes, São Paulo, n. 13, p. 45-52, 1991.

GENTILI, P. (Org.). Pedagogia da exclusão: crítica ao neoliberalismo em educação. Petrópolis: Vozes, 1996.

GONÇALVES, M. D. S. Autonomia da escola e neoliberalismo: estado e escola pública. 123 f. Tese (Doutorado em Educação) – Pontifícia Universidade Católica de São Paulo, São Paulo, 1994.

GRAMSCI, A. Concepção dialética da história. Rio de Janeiro: Civilização Brasileira, 1978.

_____. Maquiavel, a política e o estado moderno. 5. ed. Rio de Janeiro: Civilização Brasileira, 1991.

HERNÁNDEZ, F.; VENTURA, M. A organização do currículo por projetos de trabalho: o conhecimento é um caleidoscópio. Tradução de Jussara Haubert Rodrigues. Porto Alegre: Artmed, 1998.

IBGE – Instituto Brasileiro de Geografia e Estatística. Síntese de indicadores sociais. IBGE divulga indicadores sociais dos últimos dez anos. 2007. Disponível em: <http://www.saladeimprensa.ibge.gov.br/noticias?view=noticia&id=1&busca=1&idnoticia=987>. Acesso em: 26 nov. 2013.

INEP – Instituto Nacional de Estudos e Pesquisas Educacionais Anísio Teixeira. Sinopses estatísticas da educação básica (2000, 2004, 2007, 2009, 2010, 2011 e 2012). Disponível em: <http://www.inep.gov.br/basica/censo/Escolar/Sinopse/sinopse.asp>. Acesso em: 26 nov. 2013a.

INEP – Instituto Nacional de Estudos e Pesquisas Educacionais Anísio Teixeira. Sinopses estatísticas da educação superior (1998, 2003, 2007, 2010 e 2011). Disponível em: <http://www.inep.gov.br/superior/censosuperior/sinopse/>. Acesso em: 26 nov. 2013b.

MATTOS, M. J. V. M. de. Tendências de organização do processo escolar no contexto das políticas educacionais. Tese (Doutorado em Educação) – Universidade Estadual de Campinas, Campinas, 2004.

MENEZES, E. T. de; SANTOS, T. H. dos. UEX (unidades executoras). Dicionário interativo da educação brasileira. São Paulo: Midiamix, 2002. Disponível em: <http://www.educabrasil.com.br/eb/dic/dicionario.asp?id=269>. Acesso em: 26 nov. 2013.

NEGREIROS, P. R. V. de. Séries no ensino privado, ciclos no público: um estudo em Belo Horizonte. Cadernos de Pesquisa, São Paulo, v. 35, n. 125, p. 181-203, maio/ago. 2005. Disponível em: <http://www.scielo.br/scielo.php?pid=5010015742005000200010&script=sci_arttext>. Acesso em: 26 nov. 2013.

NUNES, A. C. Controle social da educação. Curitiba, 1998. Mimeografado.

NUNES, A. C. Gestão democrática ou compartilhada: uma (não) tão simples questão de semântica. **Cadernos Pedagógicos**, Curitiba, n. 2, p. 37-40, mar. 1999.

PARO, V. H. **Administração escolar**: introdução crítica. São Paulo: Cortez; Campinas: Autores Associados, 1990.

_____. **Gestão democrática da escola pública**. São Paulo: Ática, 1998.

_____. **Reprovação escolar**: renúncia à educação. São Paulo: Xamã, 2001.

PISTRAK, M. M. **Fundamentos da escola do trabalho**: uma pedagogia social. Tradução de Daniel Aarão Filho. São Paulo: Expressão Popular, 2000.

PRAIS, M. de L. M. **Administração colegiada na escola pública**. Campinas: Papirus, 1990.

RESENDE, L. M. G. de. **A construção coletiva do projeto político-pedagógico na escola pública**: viabilidade de muitos ou utopia de alguns? [S.d.]. Mimeografado.

RODRIGUES, N. **Colegiado**: instrumento de democratização. 1984. Mimeografado.

SANTOS, M. Os deficientes cívicos. **Folha de S. Paulo**, 24 jan. 1999. Caderno Mais.

SAVIANI, D. **A nova lei da educação**: trajetória, limites e perspectivas. Campinas: Autores Associados, 1997.

_____. **Educação**: do senso comum à consciência filosófica. São Paulo: Cortez; Campinas: Autores Associados, 2002.

SAVIANI, D. Pedagogia histórico-crítica: primeiras aproximações. Campinas: Autores Associados, 2003.

SAVIANI, N. Currículo – um grande desafio para o professor. 2005. Disponível em: <ead.opet.net.br/conteudo/ead/Moodle_2.0/graduacao/pedagogia_2013/org_tra_peda/PDF/LEITURA_2_aula_7.pdf>. Acesso em: 29 jan. 2013.

SILVA, M. B. G. da. Organização curricular da escola e avaliação da aprendizagem. Disponível em: <http://www.pead.faced.ufrgs.br/sites/publico/eixo5/organizacao_escola/modulo2/texto_base.pdf>. Acesso em: 26 nov. 2013.

SOARES, M. A. S. A descentralização do ensino no Brasil e a implementação dos sistemas municipais de ensino: razões e determinações. 300 f. Dissertação (Mestrado em Educação) – Universidade Federal do Paraná, Curitiba, 2005. Disponível em: <http://www.nupe.ufpr.br/marcos.pdf>. Acesso em: 26 nov. 2013.

SOUZA, D. B. de; FARIA, L. C. M. de (Org.). Desafios da educação municipal. Rio de Janeiro: DP&A, 2003.

SPÓSITO, M. Sistemas de ensino e gestão democrática. 1989. Mimeografado.

VEIGA, I. P. A. Educação básica e educação superior: projeto político-pedagógico. Campinas: Papirus, 2004.

VEIGA, I. P. A. (Org.). Projeto político-pedagógico da escola: uma construção possível. Campinas: Papirus, 1998.

VEIGA, I. P. A.; RESENDE, L. M. G. de (Org.). Escola: espaço do projeto político-pedagógico. Campinas: Papirus, 1998.

VIEIRA, E. O estado e a sociedade civil perante o ECA e a LOAS. Serviço Social & Sociedade, São Paulo, n. 56, p. 9-22, mar. 1998.

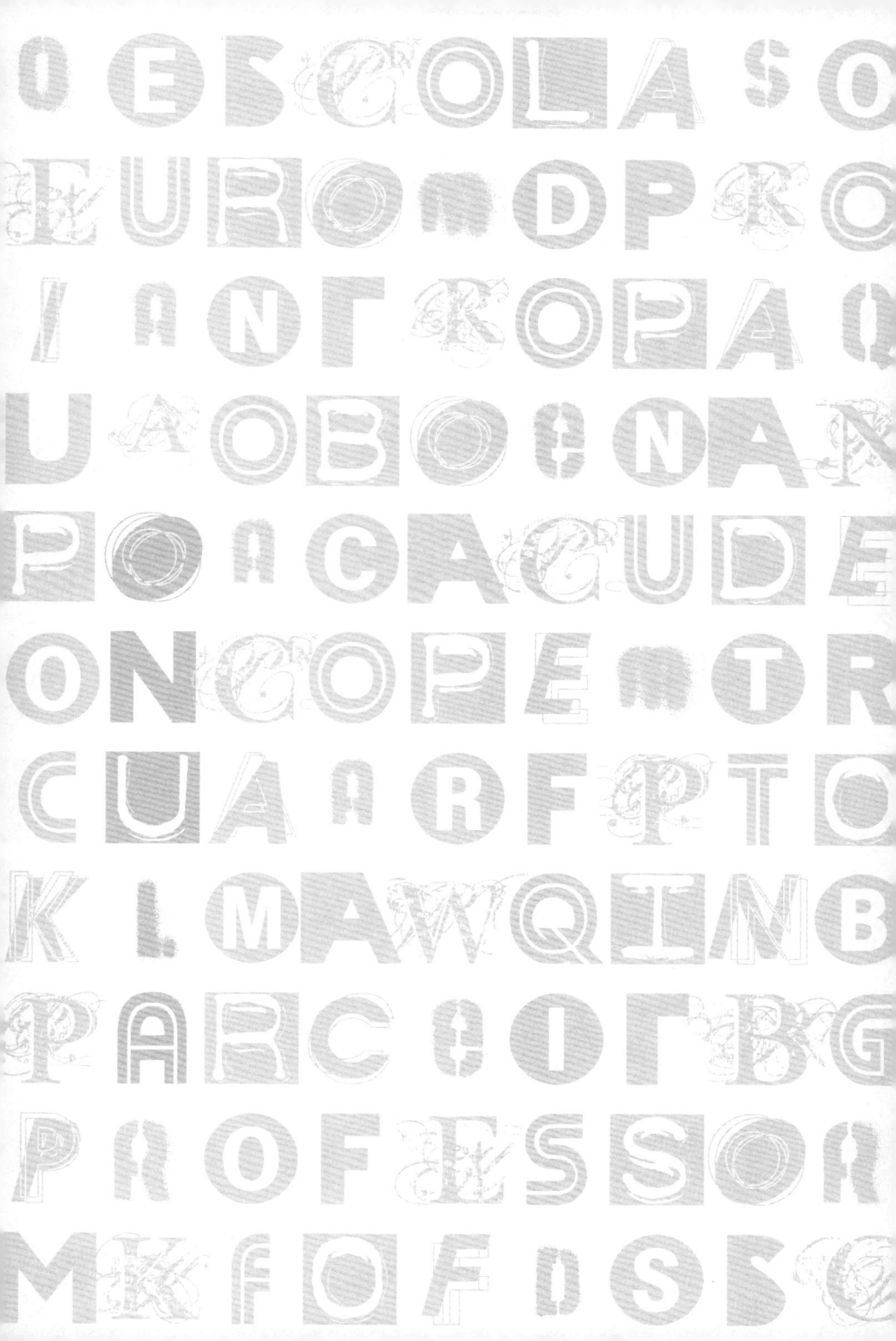

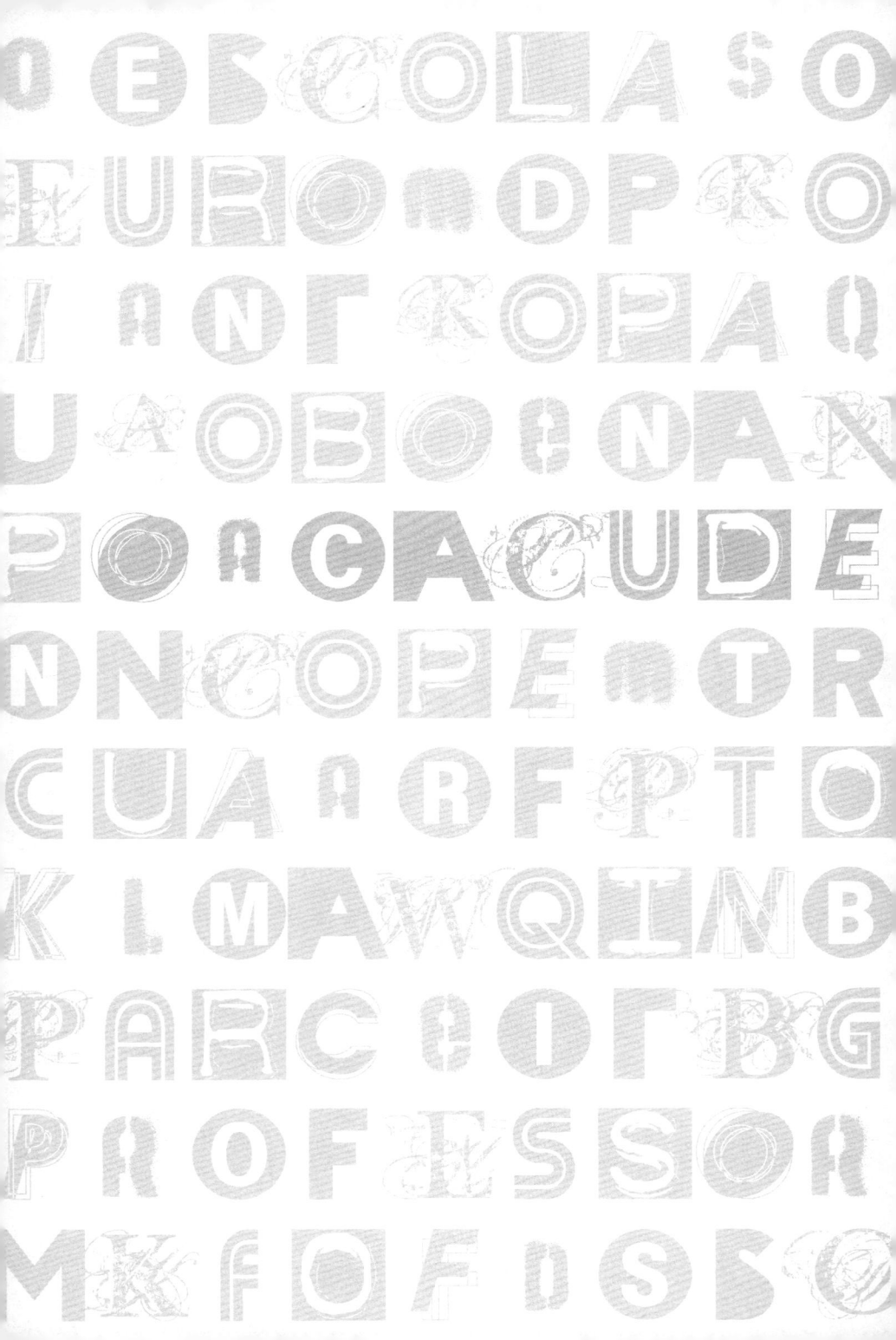

ESCOLA
EURO DP
ANT OPA Q
A OB NA
POA CAGUDE
N COPE TR
CUA R F TO
K L MAW QI B
PARC OB G
PROFESSOR
MK FOF S

BIBLIOGRAFIA COMENTADA

EYNG, A. M. Currículo escolar. Curitiba: Ibpex, 2007.

Essa obra tem por finalidade propiciar elementos para a formação do pedagogo nas questões ligadas ao currículo escolar. Ao apresentar as concepções curriculares, possibilita ao pedagogo e aos demais profissionais em educação analisar a organização curricular, seja em uma vertente conservadora (linear), seja em uma vertente transformadora (integrada), remetendo à necessidade de construção do projeto político-pedagógico (PPP). Para tanto, a autora estabelece vínculos com a legislação educacional e com as diretrizes e os parâmetros que estão presentes nas políticas educacionais brasileiras e, ao mesmo tempo, possibilita reflexões sobre a organização curricular em diferentes tempos e espaços escolares.

FREIRE, P. **Pedagogia do oprimido**. Rio de Janeiro: Paz e Terra, 2005.

Essa obra de Paulo Freire apresenta uma pedagogia que visa à emancipação humana. Nesse livro, o autor procura refletir sobre a organização social apontando os limites da pedagogia em uma sociedade de classes em que prevalece a relação dominante-dominado. O pensador retoma alguns elementos do trabalho anterior – educação como prática de liberdade, por exemplo –, descreve com detalhes a relação entre opressores e oprimidos em nossa sociedade, destaca elementos da concepção de educação bancária como instrumento de opressão e busca, por meio da relação dialógica, estabelecer uma pedagogia que valorize a vida e o ser humano.

PARO, V. H. **Administração escolar**: introdução crítica. São Paulo: Cortez; Campinas: Autores Associados, 1990.

Essa obra faz uma introdução à teoria geral da administração escolar e a situa em determinado contexto social: o da administração capitalista. O autor estabelece vínculos claros entre a educação escolar e a possibilidade de transformação da sociedade. O livro pode ser considerado um clássico, ou seja, de leitura essencial para todos aqueles que desejam aprofundar conhecimentos na área da gestão escolar. O estudioso relaciona os aspectos inerentes à administração escolar em uma abordagem crítica e estabelece uma relação direta da organização intencional do trabalho pedagógico com a possibilidade de a escola atingir o objetivo de proporcionar educação de qualidade.

PARO, V. H. Reprovação escolar: renúncia à educação. São Paulo: Xamã, 2001.

Nessa obra, o autor aborda a questão da avaliação educacional relacionando a reprovação à renúncia à educação. O texto procura deslocar a forma como a reprovação vem sendo tradicionalmente discutida investigando os comportamentos e os valores da cultura docente. A avaliação é retratada de forma crítica e contextualizada, constituindo-se em um alerta para que os educadores se desfaçam da obrigação da aprovação que, para o autor, significa a renúncia às funções do educador. Ao fazê-lo, o estudioso busca com cuidado apontar aspectos que demonstram o que é uma escola preocupada em acertar e em oferecer educação de qualidade, fundamentada no princípio da gestão democrática. Ao mesmo tempo, possibilita a reflexão sobre diferentes formas de organização do tempo escolar, como série, ciclo, promoção e progressão automática. Por fim, o autor faz a opção clara de que é contrário à escola que reprova e alerta: Como é possível uma aula ser considerada boa e o ensino ser de qualidade se nessa mesma escola o aluno não consegue aprender?

SAVIANI, D. Pedagogia histórico-crítica: primeiras aproximações. Campinas: Autores Associados, 2003.

Nessa obra, o autor descreve em detalhes os fundamentos que embasam a pedagogia histórico-crítica. O texto inicia com um relato sobre a compreensão do autor a respeito da natureza e da especificidade da educação. O estudioso também discorre sobre a importância de a competência técnica e o compromisso político estarem presentes na formação dos profissionais da educação e destaca as características fundamentais que diferenciam essa pedagogia das demais no quadro das tendências pedagógicas na história da educação brasileira, apontando-a como uma linha pedagógica comprometida com os interesses da maioria da população, ou seja, como uma pedagogia crítica.

VEIGA, I. P. A. (Org.). Projeto político-pedagógico da escola: uma construção possível. Campinas: Papirus, 1998.

Nesse livro, a autora é organizadora de um debate sempre vivo na escola, que é o da organização do PPP das instituições escolares. Para tanto, vários autores se intercalam com textos que possibilitam ao leitor aproximar conceitos fundamentais – gestão da escola, análise curricular entre o dito e o feito, planejamento participativo, autonomia da escola, aprendizagem e docência – que envolvem a elaboração do PPP. O conjunto da obra ressalta a importância do trabalho coletivo na escola e a necessidade da participação ativa de todos os segmentos da comunidade escolar na elaboração das políticas educacionais em busca da construção de uma escola que de fato possibilite ao aluno uma educação de qualidade.

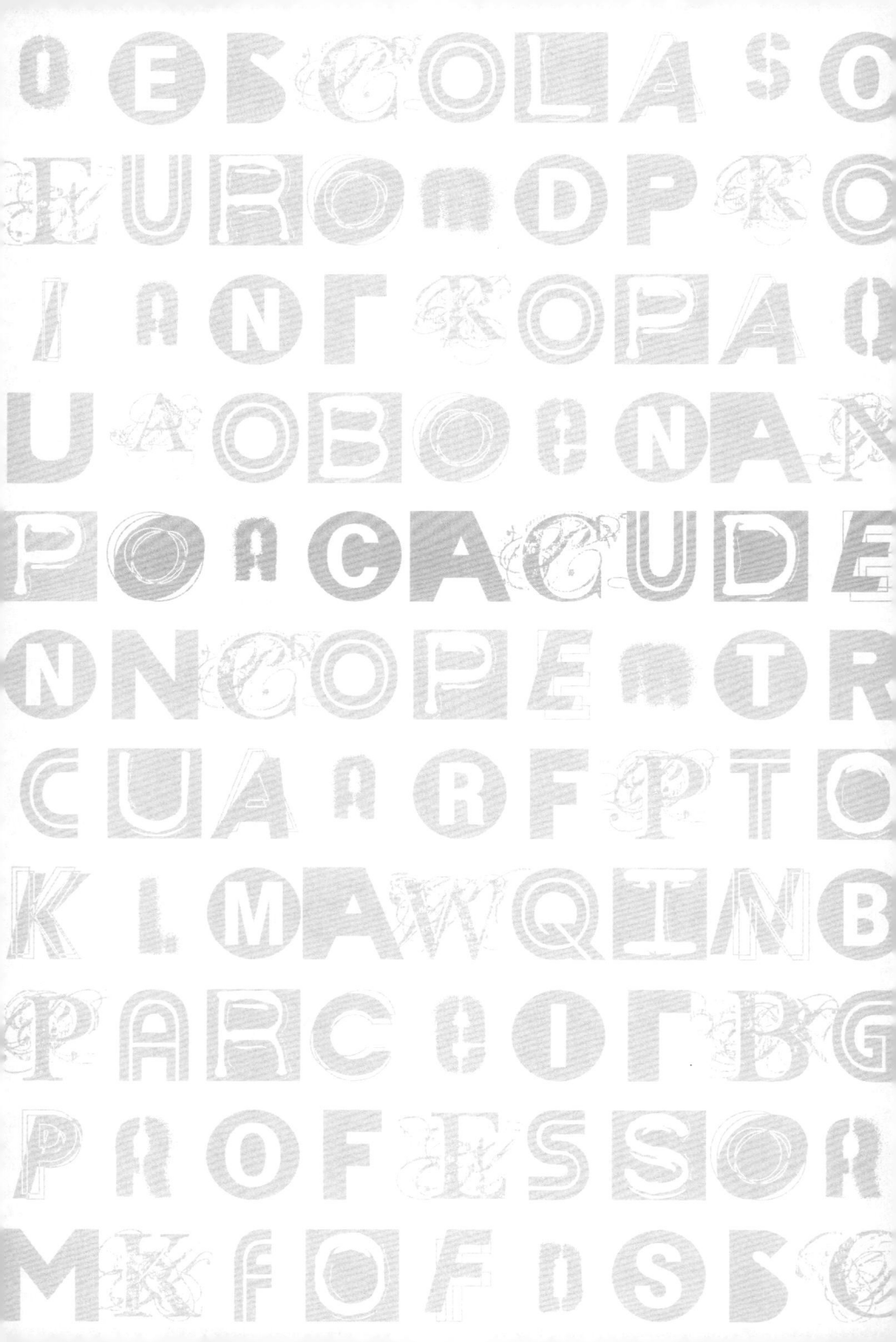

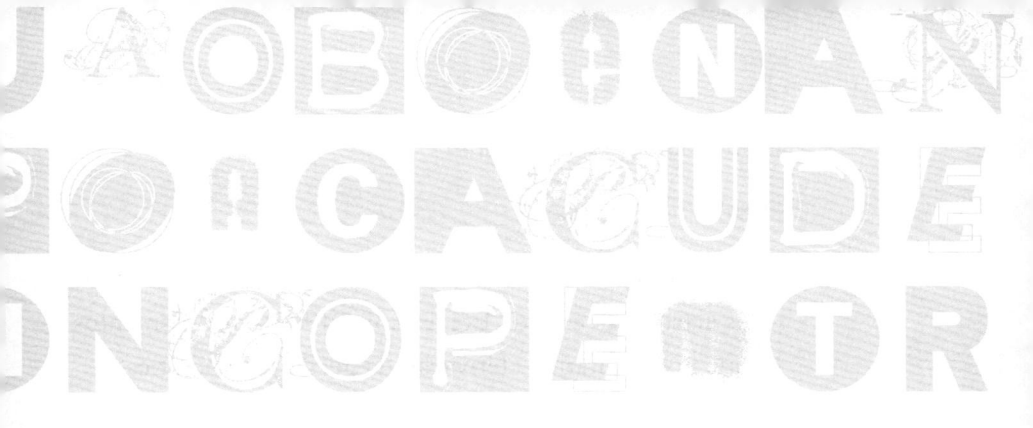

RESPOSTAS

Capítulo 1

Atividades de autoavaliação

1. b
2. c
3. c
4. c
5. d

Atividades de aprendizagem

Questões para reflexão

1. Os alunos devem ser capazes de identificar pelo menos os arts. 3°, 14 e 15 da Lei n° 9.394/1996 como elementos que possibilitam a efetivação da gestão democrática.

2. Os alunos devem ser capazes de identificar, com base nos dados do Inep, diferenças entre os dados referentes aos índices do ensino fundamental de seu município e os índices nacionais. Também devem descrever alguns detalhes que entendam ser interessantes sobre a realidade educacional de seu município.

Capítulo 2

Atividades de autoavaliação

1. a

2. d

3. a

4. b

5. a

Atividades de aprendizagem

Questões para reflexão

1. Os alunos devem ser capazes, ao realizar a leitura, de refletir sobre educação de qualidade, caracterizando a educação como produto social, ou seja, como reflexo da cultura de determinada sociedade.

   Como afirma Paro (1998, p. 108), "Para que isso não se perca, para que a humanidade não tenha que reinventar tudo a cada nova geração, fato que a condenaria a permanecer na mais primitiva situação, é preciso que o saber esteja sendo permanentemente passado para as gerações subsequentes". Esse é o papel destinado à instituição que conhecemos como *escola* e que não pode ser realizado de forma assistemática, aleatória. O trabalho realizado pela instituição escolar é intencional e deve basear-se no saber acumulado historicamente pela humanidade.

   Dessa forma, o trabalho pedagógico, ao ser realizado na escola, deverá promover uma mudança de comportamento tanto nos profissionais de educação quanto em seus alunos, para que ambos busquem uma prática social de qualidade. Para isso, o pedagogo deve desenvolver novas formas de organização pedagógica progressista que estejam em sintonia com a realidade social.

2. Os alunos devem identificar as medidas ou as atividades referentes à administração ou à gestão escolar que perdem de vista sua finalidade e, com isso, tornam-se práticas

burocratizadas, cujo único objetivo, por vezes, consiste em atravancar a efetivação das políticas educacionais. Também devem compreender que a administração escolar, se estiver comprometida efetivamente com os objetivos que pretende atingir, pode até permitir que a sociedade se oponha ao sistema de dominação, por meio de medidas que visem à melhoria das condições de vida da população.

Capítulo 3

Atividades de autoavaliação

1. b
2. d
3. c
4. a
5. b

Atividades de apredizagem

Questões para reflexão

1. Os alunos deverão, ao realizar a leitura do texto que consta no *site*, registrar três esclarecimentos sobre o conselho escolar que o ajudaram a entender melhor esse mecanismo de gestão democrática.

2. Os alunos deverão, ao realizar a leitura do modelo de estatuto do conselho escolar, registrar os objetivos e o funcionamento desse documento, bem como as atribuições, os direitos e os deveres do conselho e dos conselheiros.

Capítulo 4

Atividades de autoavaliação

1. a
2. d
3. c
4. b
5. c

Atividades de aprendizagem

Questões para reflexão

1. Sim.

    Alguns dos principais problemas destacados pelo autor são:
    - a ampliação da obrigatoriedade de quatro para oito anos foi estabelecida somente a partir da década de 1970;
    - os indicadores escolares apontam que a reprovação continua penalizando grande parcela da população;

- praticamente a metade dos alunos do ensino fundamental apresenta atraso escolar em relação à série ideal que deveria estar cursando;
- número de vagas inferior à demanda de alunos;
- a universalização do ensino obrigatório ocorreu apenas no fim do século XX.

2. Os alunos deverão, ao realizar a leitura do texto, explicitar que, de acordo com Luckesi, citado por Barreto (2005, p. 170):

Nas escolas com ciclos a avaliação ganhou centralidade pela supressão da possibilidade de reprovar os alunos por um período maior do que o das séries, ou mesmo por extinguir definitivamente a possibilidade de reprovação. Esse é considerado o aspecto mais desestabilizador dos ciclos, exatamente porque se confronta com a pedagogia do exame, lógica que faz girar os conteúdos do ensino, as rotinas e práticas escolares e as expectativas de professores, alunos e pais em torno do que "cai na prova", do que entra na avaliação, e do que isso significa em termos de "passar" ou não de ano e de obter ou não um certificado.

Os alunos também devem ressaltar que, com a implantação dos ciclos, ocorre uma renovação na dinâmica do processo avaliativo, que deixa de ser realizado com a perspectiva da aprovação e da reprovação e passa a ser organizado e pensado de tal forma que se faz necessário o acompanhamento sistemático do processo de ensino-aprendizagem com o seu devido registro por meio de pareceres descritivos. Nesse caso, a perspectiva deixa de ser baseada na classificação dos alunos e passa a ser observada pelo prisma das necessidades educativas da criança.

SOBRE O AUTOR

Marcos Aurélio Silva Soares é natural de Curitiba, Paraná. É graduado em Pedagogia (1988) pela Faculdade de Filosofia, Ciências e Letras Tuiuti e especialista em Desenvolvimento de Recursos Humanos (1988) pela Pontifícia Universidade Católica do Paraná (PUCPR), em Metodologia e Administração do Ensino Superior (1995) pelas Faculdades Positivo e em Organização do Trabalho Pedagógico (2000) pela Universidade Federal do Paraná (UFPR).

Em 2005, concluiu seu mestrado em Educação pela Universidade Federal do Paraná (UFPR), na área de educação e trabalho, na linha de pesquisa "políticas e gestão da educação", dissertando sobre *A descentralização do ensino no Brasil e a implementação dos sistemas municipais de ensino: razões e determinações*.

Os papéis utilizados neste livro, certificados por instituições ambientais competentes, são recicláveis, provenientes de fontes renováveis e, portanto, um meio responsável e natural de informação e conhecimento.

MISTO
Papel produzido a partir de fontes responsáveis
FSC® C074432

Impressão: Maxi Gráfica
Novembro / 2018